ちくま新書

死刑　その哲学的考察

萱野稔人
Kayano Toshihito

JN259255

1281

死刑　その哲学的考察【目次】

第５章　処罰感情と死刑　281

はじめに

死刑について考えることは、ある重苦しさをともなう。

なぜだろうか。

それは、死刑そのものが人の命を奪う刑罰だからである。

やはり、いくら凶悪犯を処罰するためとはいえ、人の命を奪うことはそれ自体ひじょうに重い行為にならざるをえない。

しかし、その重苦しさの一方で、私たちは死刑の問題に対して決して無関心ではいられない。

ひとたび凶悪犯罪が起これば、マスコミはこぞってそれを報道し、私たちはその報道を食い入るようにみる。そして、犯罪が凶悪であればあるほど、死刑を求める声は強くなる。

死刑の問題に対して私たちが無関心でいられないのは、「正しい暴力とは何か」「暴力はどこまで許されるのか」という問いがそこに凝縮されているからである。

凶悪犯を処罰するためなら人の命を奪うことは許されるのか。それとも、たとえ凶悪犯を処罰するためであろうと人の命を奪うことは許されないのか。

許されるとすれば、どんな理由で許されるのか。あるいは許されないのなら、どんな理由で許されないのか。

人の命を奪うことは暴力の一つの究極的なかたちである。そうである以上、死刑の問題は私たちに「正しい暴力」「許される暴力」についての究極的な問いを突きつけずにはいない。

ひるがえってみれば、人間社会はこれまでずっと暴力を「正しい暴力」と「正しくない暴力」に分けてきた。

たとえば、仲間を傷つける行為は「正しくない暴力」（つまり犯罪）として位置づけられてきたし、逆に仲間を守るために敵を倒す行為は「正しい暴力」（つまり防衛）として位置づけられてきた。さらには「正しくない暴力」（犯罪）を取り締まり、その行為者を処罰するための実力行使は「正しい暴力」として位置づけられてきた。

人類はこのように暴力を「正しい暴力」と「正しくない暴力」に区別することで、みずからの社会を維持してきたし、またそこで生じるさまざまな暴力を管理しようとしてきたのである。

死刑の問題が私たちに突きつけてくる、「正しい暴力」をめぐる問いも、人類のこうした歴史的な営みのなかにある。

その意味で、死刑について考えることは、人間存在について考えることでもある。死刑をめぐる考察は必然的に哲学的な考察にならざるをえない。その理由がここにある。

*

本書の目的は、その死刑を哲学的に考察することにある。

とはいえ、私は本書で抽象的な議論を振りかざして、読者を煙に巻くようなことをするつもりはない。

死刑の問題は、国内的にも国際的にも、賛成か反対かをめぐって鋭く意見が対立している問題だ。その問題を論じる以上は、たとえ哲学の本であっても、死刑に賛成なのか反対なのか、死刑を存置すべきなのか廃止すべきなのか、という問いに答えないわけにはいかない。

哲学はしばしば抽象的な議論を振りかざすことで、賛否が対立している問題に対してみずからの立場をあいまいにすることがある。逆の立場から批判されることを恐れるからだ。死刑の問題においてそうした逃げは許されない。これが本書のスタンスである。

ただし本書は、死刑に賛成か反対かという問いに答えようとするからといって、決して

「結論ありき」の議論をするつもりはない。

すでに死刑の是非については数多くの本がだされている。しかし、その多くが「死刑反対」もしくは「死刑賛成」という、あらかじめ確定された立場を主張するために書かれたものだ。いわばそれらは「死刑に反対するために書かれた本」もしくは「死刑に賛成するために書かれた本」になっているのである。

これでは、死刑の是非をめぐる議論は単なる価値観のおしつけあいになってしまう。価値観のおしつけあいになれば、死刑の是非をめぐる議論はいつまでたっても平行線をたどるしかない。そもそも特定の価値観を自明視し、それを正当化するための論理をくみたてることでは、死刑を考察したことにならない。

本書の目的はあくまでも死刑を〝考察〟することにある。死刑の是非も、その考察の結果として導かれなくてはならない。

哲学的にみると、死刑は、人間について、道徳について、あるいは法制度について、深く考察するにあたいするさまざまな問題を私たちに提起している。そうした問題を抽出し、それをていねいに解析し、考える道筋をつけていくことも哲学の仕事である。

その点でいえば、やはり大事なのは、賛否の結論よりもその結論が導かれるプロセスのほうである。死刑に賛成か反対か、というのはもちろん重要な問いだが、それ以上に、どのようにその結論が導きだされるのか、ということが哲学的には重要だ。

　死刑の是非をめぐっては、賛成か反対かの二つの立場しかない。そうである以上、私の導きだした結論に同意できない読者もでてくるだろう。

　しかしその場合でも、本書の考察のどの部分が、どのように疑問なのかをめぐって新しい議論が生まれるならば、著者としてうれしく思う。本書が新しい議論に開かれたものになるよう、明晰な論述を私は心がけた。

第1章

死刑は日本の文化だとどこまでいえるか？

†厳しいまなざしを向けられる日本の死刑制度

死刑を考えるうえで最初に整理しておきたい問題がある。それは、死刑は日本の文化なのか、という問題だ。

もう少し正確にいったほうがいいかもしれない。もし死刑が日本の文化であるなら、そのことによって死刑は正当化されうるのか。

なぜこの問題が重要なのかといえば、日本は先進国のなかでは数少ない死刑存置国だからである。

先進国の集まりであるＯＥＣＤ（経済協力開発機構）加盟三四カ国のなかで死刑制度を維持している国は、二〇一六年末の時点で、日本、アメリカ合衆国、韓国だけである。ただし韓国は一八年以上にわたって死刑を執行していない。世界の流れは死刑廃止の方向にあるといってもいい。

だから日本は、なぜ死刑をいつまでも存置しているのかと他の先進国（とりわけヨーロッパ諸国）から批判されている。つまり日本は、死刑廃止の世界的な流れのなかで、なぜ死刑を存置しているのかを説明しなくてはならない状況におかれているのだ。

そのときに死刑を存置している理由としてしばしばもちだされるのが「死刑は日本の文

化だから」というものである。

実際にこの問題は国際的にも議論の的となった。

二〇〇二年五月のことである。「欧州評議会オブザーバー国における司法と人権」という国際会合で森山眞弓法務大臣（当時）がスピーチをした。そこで森山法務大臣は、死刑は日本の文化であると発言し、大きな波紋をよんだのである。

森山法務大臣はスピーチで「死んでお詫びをする」という表現をもちだし、「この慣用句には我が国独特の、罪悪に対する感覚が現れているのではないかと思います」と述べた。要するに、日本が死刑制度を存置しているのは、罪悪をめぐる文化的な背景があるからである、と主張したのだ。

なぜ森山法務大臣はこのようなスピーチをおこなったのだろうか。その背景を簡単に確認しておこう。

欧州評議会とは一九四九年に設立された汎ヨーロッパの国際機関である。ヨーロッパといえばＥＵ（欧州連合）がすぐに思い浮かぶが、それとは別の組織だ。欧州評議会にはＥＵ全加盟国のほかにロシアや旧ユーゴ諸国、トルコなど四七カ国が加盟している（二〇一六年末現在）。日本はそのオブザーバー国である。

もともと欧州評議会は人権や民主主義、法の支配などの分野で国際社会の規準を策定す

表1　ヨーロッパ諸国の死刑の廃止年

国名	死刑廃止年
ポルトガル	1867年（1976年）
オランダ	1870年（1982年）
ノルウェイ	1905年
スウェーデン	1921年
デンマーク	1933年（1978年）
イタリア	1947年（1994年）
ドイツ	1949年
オーストリア	1950年（1968年）
イギリス	1965年
フランス	1981年

注1：死刑廃止年は、いずれも、通常の犯罪に対し死刑を廃止した年である。
注2：（　）内は、すべての犯罪に対し死刑を廃止した年
注3：ドイツ民主共和国は1990年に、ドイツ連邦共和国（1949年に死刑を廃止）に統一された。

るために設立され、活発に活動してきた。死刑の問題にもしたがってひじょうに高い関心をもっている。もちろん死刑廃止を推進するためだ。

ヨーロッパ諸国は戦後、国によって年代は異なるが、死刑制度を廃止してきた。いまやヨーロッパは世界における死刑廃止の動きの中心地になっている。

死刑制度を存置している日本は、こうしたヨーロッパ諸国から厳しいまなざしを向けられている。欧州評議会もたびたび日本の死刑制度を批判し、死刑制度を廃止しないなら日本のオブザーバー資格を剥奪すると主張してきた。森山法務大臣のスピーチはそうした批判に応えるかたちでなされたものだ。

†文化だからという理由で死刑を正当化できるのか？

森山法務大臣がもちだした「死んでお詫びをする」という表現は、私たちにとってとても馴染みのある表現である。しかしこの森山法務大臣のスピーチは大きな批判をヨーロッ

パでひきおこした。「死んでお詫びをする」という表現にヨーロッパの人たちが驚いたからではない。そうではなく、死刑の問題を文化の問題とみなすことはおかしいのではないか、という疑問が広くだされたからである。

ヨーロッパの人たちからしてみれば、死刑は決して文化の問題ではない。彼らにとって、司法や人権の問題は文化の問題に還元されうるものではなく、それこそ文化をこえて普遍的に議論されるべき問題なのである。

だから注意しておこう。ヨーロッパの人たちが森山法務大臣の発言を批判したのは、死刑は日本の文化ではないと考えたからではない。文化だからという理由で死刑を正当化することはできないと考えたからである。

つまり、考えなくてはならないのは、死刑は日本の文化なのかどうか、ということではない。そうではなく、たとえ死刑は日本の文化だとしても、それによって死刑を正当化できるのか、ということである。

†文化相対主義と普遍主義との対立

ここにあるのは文化相対主義と普遍主義との対立である。

文化相対主義とは、それぞれの文化によって価値観も異なる以上、あらゆる文化に適用されるべき「絶対的な正しさ」はないと考える立場のことである。これに対して普遍主義とは、あらゆる文化をこえてなりたつ正義というものはありうるし、あるべきだと考える立場のことである。

文化相対主義の立場からすれば、死刑廃止といえども一つの文化的な価値観の反映にすぎず、それを普遍的に正しいと考えることはできない。たしかにヨーロッパの価値観からすれば死刑廃止は正しい道かもしれない。しかしなぜそれがヨーロッパ以外の地域でも適用されるべき正しい道だといえるのだろうか。

これに対して普遍主義は、死刑は人権にかかわる普遍的な問題だと考える。人権がそれぞれの文化的価値観によって損なわれてはならないのと同様に、死刑もまたそれぞれの文化をこえた次元で問題にされなくてはならない、ということである。

文化相対主義は死刑を文化の問題だと考える。死刑制度を存置するか廃止するかという問題は、それぞれの文化にもとづいた価値観によって決められるべきだ、と。

たしかに、悪い行為とはどのようなもので、それはどのように罰せられるべきなのか、という判断はそれぞれの社会における価値観によって大きく異なる。不倫は決して許されないことであり、それは刑罰によって処罰されなくてはならないと考える文化もあれば、不倫はあくまでも自由恋愛の問題であり、民事における賠償の対象にはなりえても刑事における処罰の対象にはならないと考える文化もある。

それぞれの文化にはそれぞれの価値観があり、どれか特定の価値観だけが正しいということはない。だから死刑廃止が正しいと考えるのも、あくまでも「一つの」価値観であり、それがそれぞれの文化をこえて普遍的に正しいということはない。

これに対して普遍主義は死刑を文化をこえた問題だと考える。それは人権にかかわる普遍的な問題であり、人権が各文化の価値観によってゆがめられてはならないのと同様に、「死刑を存置するか廃止するか」という問題も各文化の価値観によって決められてはならない。

「文化である以上、死刑は正当化される」と考える文化相対主義からは、もう一つ別の主張もでてくる。すなわち「死刑はその国の文化の問題である以上、他国の人びとがとやかくいうべきではない」という主張だ。

事実、欧州評議会からの批判に対して、日本政府は刑罰権への内政干渉は認められないという立場をとっている。

内政干渉をしてはならない、というのはもちろん国家主権についての国際的なルールであり、その意味では文化の問題とは次元を異にする普遍的命題である。しかし、死刑は文化であるといわれるとき、その内政不干渉のルールは「文化の問題に他国は口をだしてはならない」という文化的内政不干渉の命題として強化されるのである。

†私たちにとってなじみのある文化相対主義

私たちにとって文化相対主義の考えはとてもなじみのあるものだ。

たとえば、欧米の環境保護団体から日本の捕鯨がしばしば批判されると、私たちの多くは「捕鯨は日本の古くから伝わる文化であり、その文化の問題に欧米諸国は口をだすな」と考える。「欧米人は肉食の食文化のなかで牛や羊などの動物を大量に屠殺しているくせに、クジラを捕食することだけを批判するのはおかしい。牛や羊を殺すことは残酷ではなく、クジラを殺すことは残酷だと考えること自体、一つの文化的な価値観にすぎない。にもかかわらず、その価値観を普遍的な価値観だととりちがえて他の文化にまでおしつけてくるのは欧米中心主義である」と。

同じように、死刑の問題においても文化相対主義の考えは根強い。

先にとりあげた森山法務大臣の発言はその一例だが、それだけではない。鳩山邦夫元法務大臣も事あるごとに、西洋の文明と日本の文明を対比させて、死刑は日本の文明に根ざすものだと述べていた。

鳩山邦夫元法務大臣は、約一年間の任期中（二〇〇七年八月二七日〜二〇〇八年八月二

日）に一三人の死刑執行命令を発令した法務大臣である。この「一年で一三人」という数字はいわゆる「死刑モラトリアム」（一九八九年一一月一一日から一九九三年三月二五日までの、死刑執行がなされなかった期間のこと）以降としてはもっとも多い数字だ。このため、彼は朝日新聞夕刊のコラム「素粒子」で「永世死刑執行人」「死に神」など揶揄されたほどである。

ただ、公平を期していうならば、ある意味「機械的」に死刑執行命令をだした鳩山法務大臣にも明確な問題意識があった。たとえば福田内閣で法相に再任されたとき彼はこう述べている。「『この大臣はバンバン執行した、この大臣はしないタイプ』などと分かれるのはおかしい。できるだけ、粛々と行われる方法はないかと考えている」。

たしかに、法務大臣の信条によって死刑が執行されたりされなかったりするという現状は、法の支配という原則からいって議論の余地があるだろう。事実、刑事訴訟法では、死刑執行は死刑判決確定の日から六カ月以内になされるべきだと定められている（第四七五条）。

また、鳩山法務大臣は、二〇〇七年一二月に彼の死刑執行命令によって死刑執行がなされた直後の法務委員会では、こう述べている。「国家権力によって人の命を絶つわけで、斎戒沐浴《さいかいもくよく》してサインをさせていただいた。大きな心の痛みを感じるが、法に基づいて粛々と実行しなければいけないということで、逃げることのできない責務と思って執行させていただいた」。

死刑とは「国家権力によって人の命を絶つ」ことにほかならず、それが善いことか悪いことかは別にして、法によってそう定められている以上、法務大臣は死刑執行命令をだすという「逃げることのできない責務」を負っている、という認識だ。これはこれでリアルな認識だろう。死刑とは何か、という問題から目をそらしていないからだ。

†文化相対主義をどこまで徹底できるか

しかしその一方で、死刑を「文化の問題」としてのみ片づけることを躊躇させるような事例も世界にはある。

たとえばイスラム圏では現在でも、不倫をすると姦通罪に問われ、石打ちの刑といった死刑に処されてしまう国がある（イランやアフガニスタン、ソマリアなど）。

石打ちの刑とは、受刑者を首だけだして土に埋めて（もしくは布袋のなかに受刑者を入れて）、受刑者が死ぬまで石を投げる刑である。このとき、石は決して小さすぎても大きすぎてもいけない。小さすぎると死に至らしめられないし、大きすぎるとすぐに死んでしまうからだ。

ほかにも「名誉の殺人」と呼ばれる私刑も私たちを驚かせるだろう。

名誉の殺人については聞き慣れない読者もいるかもしれない。名誉の殺人とは、婚前交渉や婚外交渉などをおこなった女性（娘や妻）を、「家の名誉をけがした存在」とみなして、その父や男兄弟が家の名誉を守るために殺してしまう風習である。おもに中東や南アジアの国でおこなわれている。イスラム圏で多くみられる風習のため、イスラム教と結びつけられて論じられることも多いが、厳密にはイスラム圏と重なっているわけではない（インドなどでもおこなわれている）。

名誉の殺人においては、実際に婚前交渉をしていなくても「男を目で誘惑した」などといった理由だけで家族に殺されてしまう場合もあるという。また、強姦された場合でもそれが「家の名誉をけがした」とみなされれば名誉の殺人の対象となる。

名誉の殺人とはあくまでも私刑であり、公権力による死刑ではない。ただ、多くの場合それは風習の問題として公権力によって黙認されており、その意味ではその国の公権力も加担者だといえなくもない。

二〇一〇年三月、国連人権高等弁務官は、世界で毎年五〇〇〇人の女性が名誉の殺人で命を落としているという調査結果を発表した。その発表のなかで高等弁務官は、名誉の殺人は一部の国の司法制度では罰せられない仕組みになっており、それが問題を悪化させていると指摘している。

どちらの事例においても、「文化の問題だから」という理由でそれを正当化することは私たちにはためらわれるだろう。不倫をしただけで死刑になってしまうというのはどうみても厳しすぎるし、またその処刑方法も残酷だ。名誉の殺人においては、あまりに女性の人権や人格が蹂躙されている。それを「文化だ」と正当化することはなかなか難しい。

とくに問題なのは、こうした事例では冤罪の可能性がほとんどかえりみられないということだ。とりわけこうした事例では女性が姦通や誘惑のうわさだけで罪をきせられる場合が多々あり、女性の人格を蹂躙する文化的価値観がそうした冤罪を助長させている側面があることは否定できない。

冤罪とは、実際には罪を犯していない人間が犯人にさせられ処罰されることである。だから、どのような文化のもとであれ、それは決して許されることではないだろう。しかしそれが特定の文化的価値観によって助長され、糊塗され、正当化されているのであれば、やはり私たちはナイーブに文化相対主義の立場にたつことはできないのである。

†そもそも何が問われているのか？

こうした事例も含めて私たちは考えなくてはならない。文化相対主義と普遍主義、どちらの立場にたつべきだろうか。

このとき鍵となるのは、そもそも何がここでは問われているのか、ということである。

くりかえすが、ここで問われているのは「死刑は日本の文化かどうか」ということでは決してない。死刑がどこまで日本の文化といえるのかについては、ここでは置いておこう。

そうではなく、ここで問われているのは「たとえ死刑は日本の文化であったとしても、そのことによって死刑は正当化されうるのか」ということである。つまり、文化によってそれぞれ価値観は異なるが、だからといって死刑はそれらの価値観によって正当化されたり否定されたりしていいものなのか、ということである。

よくみると、この問いは文化相対主義による問いの射程をこえてしまっている。というのも、ここで問われているのは、「死刑は文化だからという理由で許されることのうちに入っているのか、それとも入っていないのか」という問題だからである。

たとえばソバなどの麺類を音を立ててすすって食べることは、たとえ欧米人には奇異に、また不快に思えたとしても、それは「文化だから」という理由で許されることだろう。では、死刑はどうだろうか。「文化だから」という理由で許されることのうちに入るだろうか、入らないだろうか、という問題である。

この問題そのものは、「文化によってそれぞれ価値観は異なり、それぞれの価値観の正しさは相対的なものである」という文化相対主義の考えでは扱うことのできない次元の問題だ。

文化によってそれぞれ価値観が異なるのは、ある意味で当然のことである。ここで問われているのは、その文化の相対性のなかに死刑が含まれるのかどうか、ということである。つまり、文化相対主義の適用範囲はどこまでか、ということが問われているのであって、そのこと自体は文化相対主義では答えることができないのである。

†求められる普遍主義的な説明

私たちの多くは、「文化の問題だからという理由でどんなことでも許されるわけではない」という考えを暗黙の前提として共有している。

たとえばかつて日本では間引きといって、口減らしのために嬰児《えいじ》や子どもを殺す風習があった。しかし、それが現代においても「文化だから」という理由で許されると考える人はほとんどいないだろう。

同じように、姦通罪や「名誉の殺人」の事例において、それを「文化だから」という理由で正当化するのを躊躇する感覚が私たちにあるということは、私たち自身に「文化の問題だからといって何でも正当化されるわけではない」という考えがあるということを示している。

要するに、私たちが「文化か、それとも普遍的な価値か」と考えている問題とは、「これは文化だからという理由で許される範囲に入るのか、入らないのか」という問題なのである。

捕鯨を例にしよう。

捕鯨を批判する欧米人たちは捕鯨を「文化だからという理由で許される範囲」には入らないと考える。これに対して、捕鯨を文化的営みとして擁護する日本人は、捕鯨を「文化だという理由で許される範囲」に入ると考える。

では、なぜ捕鯨は文化だという理由で許される範囲に入ると考えられるのだろうか。こうした疑問がただちに捕鯨反対派からだされるだろう。

すなわち、捕鯨が「文化だという理由で許される範囲」に入るか入らないかということが問題化したとき、その範囲に入ると考える人間に求められるのは「なぜその範囲に入ると考えるのか」という説明なのである。

死刑についても同じである。

つまり「死刑は日本の文化だから欧米人は口出しするな」と考える人は、さらに「死刑が文化だからという理由で許される範囲に入るのはなぜか」という点まで説明しなくてはならないのだ。

　これはたんなる文化相対主義の立場をこえた普遍主義的な説明であるほかない。

　少しわかりやすくするために、普遍主義にたつ欧米人から次のようにいわれたとしよう。「死刑は日本の文化かもしれないが、同時にそれは残酷な刑罰であり人権侵害である。つまり死刑を是とするあなたがたの文化は人権と対立するのだ。にもかかわらず文化を優先するのはなぜなのか」。

　このとき私たちは、もし死刑を日本の文化だとして正当化したいのなら、「文化と人権が対立するとき、なぜ文化を優先するのか」ということを説明しなくてはならない。あるいは「死刑は人権侵害ではない」ということを論証するという方法もあるだろう。どちらにせよ、その説明はたんなる文化相対主義の立場をこえた普遍主義的な説明であるほかないのである。

　つまり、文化相対主義か普遍主義か、という問いそのものがじつはすぐれて普遍主義的な問いなのだ。

　そうである以上、死刑の問題についても私たちは普遍主義的に考えなくてはならないのである。ナイーブに「死刑は日本の文化だから」と主張することはできないのだ。

†普遍主義的に考えることは、答えを自動的に決定することではない

とはいえ、ただちに付け加えよう。私たちは死刑の是非について普遍主義的に考えなくてはならないが、だからといってそこから自動的に死刑反対が正しいということにはならない。

というのも、ここまで導きだされてきたのはあくまでも、「死刑を文化の問題としてではなく普遍的な問題として考えなくてはならない」ということまでだからだ。そこから自動的に死刑を否定することが普遍的に正しいということにはならないのである。

逆にいえば、もし私たちが死刑を肯定したければ、「死刑は日本の文化だ」と主張するのではなく、普遍的な論理で死刑が正しいことだと主張すればいいのである。「死刑は基本的人権を侵害するのではないか?」という問いに対しても、必要なのは「文化だ」と答えることではなく、「死刑は必ずしも人権を侵害しない」ということを論証することなのである。

死刑を普遍主義的に考えるべきだということは、死刑が普遍的なレベルで肯定される可能性を決して排除しない。死刑を肯定するために、私たちは決して文化の問題に逃げることはできないのだ。

同じことは死刑反対派にもいえるだろう。

死刑反対派はしばしば「死刑廃止は国際的潮流であり、日本も廃止すべきだ」と主張する。

しかし、死刑廃止が国際的潮流だとしても、そこからただちに死刑廃止が普遍的に正しいということにはならない。国際的な潮流であることと普遍的に正しいということとはかならずしも一致しないのだ。「国際的潮流である以上、死刑を廃止すべき」と主張する人たちは、核兵器の保有が国際的潮流になれば「核兵器を保有すべき」と主張するのだろうか。

なぜそれが正しいのかということを説明していないという点で、「国際的潮流だ」と考えることは「文化だ」と考えることと同じように空虚なのである。

†文化を論拠とすることが日本の外交力を弱めてしまう

とはいえ、日本では死刑を文化の問題だと考える傾向は強い。法務大臣ですらそう考えることがあるぐらいだ。これでは欧米の人びとは決して日本の主張に納得しないだろう。彼らを納得させられないばかりか、じつは文化を論拠としてもちだすこと自体、日本の外交力を弱めてしまっている。

実際、文化を論拠としてもちだすということは、「文化的価値観はそれぞれ違います、だからこれ以上議論の余地はありません」と相対主義に逃げることにほかならない。これはとても安易な議論の打ち切りかただ。

よく論争（や口げんか）でも相手に論詰されて論破できなくなると、「それはあなたの意見にすぎない」「考えかたは人それぞれ」というかたちで相対主義に逃げる人がいる。死刑の問題で欧米から非難されて「文化」を論拠としてもちだすことは、これとまったく変わらない。

徹底的に普遍主義の次元にとどまって議論する意志がなければ、他者を説得することなどできないのだ。

死刑をめぐって、日本の外交力の貧困さを象徴するできごとがあった。

二〇一〇年四月六日、中国で日本人、赤野光信死刑囚の死刑が執行された。別の日本人の男と覚醒剤二・五キロを密輸しようとした罪だ。

麻薬を密輸しようとしただけで死刑だというのは、日本人の感覚からするととても厳しい。理不尽でさえある。中国政府への批判が生じてもおかしくはない。

しかし、この死刑執行を受けて鳩山由紀夫首相（当時）は同日、記者団にこう述べた。

「日本人の感情からすれば厳しすぎるという思いはあるが、国の違いと理解してもらうしかない。日中関係に影響が出ないよう国民にも冷静に努めてほしい」。

これは少し意地悪な見方をすれば、「日本政府自身が『文化だ』ということでみずからの死刑制度を正当化している以上、いくら日本人が海外で理不尽な罪状で死刑になっても何もいえない」という意味にとれる。

鳩山首相の発言は、外交上のふがいなさを棚に上げて国民に「冷静に努めてほしい」と要請しており、一国の首相としてあまりになさけない発言だ。日本人を助けられないという外交の失敗のつけを国民に負わせることと何ら変わらないだろう。

とはいえ、文化相対主義にたつかぎり「麻薬の密輸で死刑になるのは中国の文化的価値観にもとづくものだからしょうがない」と認めざるをえず、「国の違い」をこえて何かを主張することなどできなくなるのは当然なのだ。

こうした日本外交の貧困さは次の事例とくらべるとより際立つだろう。

赤野光信死刑囚が中国で死刑執行される数カ月前の二〇〇九年一二月二九日、中国で同じ麻薬密輸罪で英国人、アクマル・シャイフ死刑囚の死刑が執行された。これを受けてブラウン英首相（当時）はただちに声明を発表。そのなかでブラウン首相は「われわれの釈放を求める要求が認められなかった」と失望をあらわにし、「最大限の強い言葉で執行を非難する」と述べた。

鳩山首相の対応とブラウン首相の対応の差は大きい。自国民が本国ではありえない理由で死刑に処されたことに対して、ブラウン首相は「最大限の強い言葉で執行を非難」したのに対し、鳩山首相は「国の違いと理解してもらうしかない……国民にも冷静に努めてほしい」と、執行を批判するどころか国民に納得を強いている。

それだけではない。

じつは死刑執行にいたるまでの対応にも両国には大きな差があった。

ブラウン首相の声明で「われわれの釈放を求める要求が認められなかった」と述べられているように、アクマル・シャイフ死刑囚に死刑判決がだされて以降、ブラウン首相は死刑を執行しないよう中国政府に要請していた。また北京の英国大使館も同死刑囚に精神疾患があるとして中国政府に精神鑑定を申請していた。

これに対し、日本政府の対応はどうだったのかといえば、岡田克也外務大臣（当時）が、程永華《テイ・エイカ》駐日中国大使を外務省に召致し、「いかなる犯罪にいかなる刑を科するかは中国国内の司法に関する問題であり、基本的には中国の国内事項に属する問題であるとしつつ……我が国政府としての懸念を表明」したにすぎない（外務省プレスリリース「中国における邦人麻薬密輸犯死刑執行に関する懸念表明」平成二二年四月二日）。

英国は、外国で自国民が理不尽な理由で死刑に処されることを何とかして阻止しようとした。他方で日本は、「基本的には中国の国内事項に属する問題である」という理由で懸念を表明することしかしなかった。

両者の違いは大きい。

もちろん国際社会には内政不干渉の原則がある以上、どちらにしても死刑は執行されるしかなかったのかもしれない。しかし結果が同じだからといって、自国民を守るためにとった両国政府の対応の違いを無視することはできない。

†相対主義を脱し、普遍的なロジックを構築すること

ただしその違いを死刑廃止国と死刑存置国との違いと考えるのは早計である。

たしかにイギリスは死刑を廃止している。死刑を廃止しているからこそ、自国民が他国で死刑に処されることを強く非難できる、という側面はやはりあるだろう。

しかし、死刑を廃止していなければ今回の執行を非難できないかといえば、そんなことはないはずだ。麻薬密輸罪で死刑になるのはいくらなんでも理不尽すぎるという論拠で、死刑執行を非難することは十分可能である。

つまり、日本とイギリスの対応の違いは外交の姿勢の違いなのである。

その姿勢の違いは、日本政府がこの死刑執行をはじめから「基本的には中国の国内事項

に属する問題である」と考えているところから生じている。文化相対主義的な発想が根づよい日本政府の考えがそのまま外交姿勢に反映されているのだ。

相対主義的な立場にたつかぎり、外交の場で交渉に強い姿勢で臨むことは不可能である。日本は外交力が弱いとしばしばいわれる。

その弱さの理由の一端は外交における相対主義的な発想にある。強い外交力を発揮するには、他者を説得できるだけの普遍的なロジックを構築できることが必要だ。

これは決して日本政府だけの問題ではない。私たち自身の問題でもある。

たとえばこんなことがいわれることがある。日本の柔道は実力があるのに、国際ルールが——日本柔道の本来のルールとは異なるかたちに——ころころと変更されるので、国際試合ではその実力を発揮できない、と。

しかし、自分たちにとって望ましいかたちにルールを策定するのも実力のうちではないのか。国際的な場でルールを策定するには、それこそ他者を説得できるだけの普遍的なロジックを構築しなくてはならない。相対主義にとどまるあいだはそうした普遍性を獲得することはできないだろう。

日本人は議論の場ですぐに「考えかたは人それぞれ」「価値観は各自で異なる」といった相対主義に逃げようとする、こう欧米人が嘆くのを何度もきいた。安易に相対主義にたつことは議論を放棄することでしかない。

同じことは死刑を考える場合にも当てはまる。

死刑を肯定するにせよ否定するにせよ、私たちは日本特殊論に依拠することはできない。

できるだけ普遍的なロジックで死刑を考えなくてはならないのだ。

それが本書のスタンスである。

第2章

死刑の限界をめぐって

1　死刑になるために実行される凶悪犯罪

†刑罰として人の命を奪うことに意味はあるか、という問題

死刑は刑罰の一つである。罰するために命を奪うという刑罰だ。

つまり、命を奪うことが刑罰として意味をもっている、という前提のうえに死刑はなりたっている。

それもそうだろう。命を奪うことが刑罰として意味をもたないのなら、わざわざ死刑などする必要はないからだ。

大塚公子著『死刑執行人の苦悩』は、刑務官たちがどのような気持ちで死刑執行にあたり、どのような苦悩を抱えているのかを描いた異色のルポルタージュである。これを読むと、死刑執行にたずさわる人間たちの気持ちが切々と伝わってくる。

死刑を執行するなんて誰だっていやにちがいない。

もちろんだからといって、ここからただちに死刑を廃止すべきだということにはならない。刑罰として人の命を奪うことに意味があるのであれば、誰かがそれをしなければならない。

ないからだ。

逆にいえば、誰かがその「いやなこと」をしなければならない以上、死刑を存置するのであれば、刑罰として人を殺すということに何らかの意味をみいださなくてはならない。

†池田小学校児童殺傷事件の衝撃

しかし、罰するために命を奪うことが、場合によっては意味をもたないこともあるのではないか。そんな疑問を抱かせる事件がある。二〇〇一年に大阪教育大学附属池田小学校でおきた、児童殺傷事件である。

二〇〇一年六月八日、午前一〇時すぎ、出刃包丁をもった男が池田小学校に侵入した。ちょうど休み時間だった学校では校庭でたくさんの児童が遊んでいた。

南校舎に近づいた男は二年南組教室の窓越しに、たまたま教室内に残っていた五人の児童を発見する。男はテラス側の出入口から教室に入り、児童をつぎつぎと襲撃した。突然の出来事にパニックになった児童に、男はつぎつぎと出刃包丁を突き刺し、五人全員を殺害した。

男はその後、教室からテラスにでて、今度は隣接していた二年西組の教室に侵入した。教室では児童全員が前をむいて座り、教師は児童たちのほうにむかって教卓の席に座っていた。

男は侵入すると同時に、机に座っていた児童三人をつぎつぎと刺し、そのうち一人を死に至らしめた。男はその後も逃げまどう児童たちを追いまわし、五人の児童を出刃包丁で突き刺したり切りつけたりして、一人の児童を殺害した。

男はさらに廊下側から隣接する二年東組の教室に入り、児童四人を突き刺したり切りつけたりした。

男は二年東組の教室からテラスにでたが、そのとき通りがかった教員にタックルされ取り押さえられそうになった。そこで男はその教員も出刃包丁で突き刺した。

男はその後、テラス側から一年南組の教室内に児童がいることをみつけ、同教室に侵入した。そこで四人の児童を突き刺したり切りつけたりして、一人を殺害した。

この時点でようやく男は教員と副校長によって取り押さえられた。男はそのときも取り押さえようとした教員を切りつけている。

この事件によって男は児童八人を殺害し、児童一三人、教員二人に重軽傷を負わせた。殺害された児童はみな六～八歳である。平穏な小学校に侵入し、児童たちを無差別に殺害するという、あまりに残忍な事件だった。

逮捕された男の名は宅間《たくま》守《まもる》という。三七歳だった。

読者のなかにはこの名前を覚えている人も多いだろう。その犯行の残忍さ、凶悪さに日本中が震撼したからだ。

†死刑制度の無力さ

いまの日本の刑罰制度を前提とするかぎり、これだけの事件をおこした宅間守が死刑になるのは当然だろう。もしこの事件で宅間守が死刑にならないのなら、死刑を適用すべき事件がほかになくなってしまうと思われるぐらい、この事件は突出して残忍で凶悪である。また、宅間が現行犯で逮捕されたこの事件では冤罪の可能性もない。共犯者もいないので「誰が主犯格なのか」という犯行の役割分担の点について裁判でもめることもない。精神鑑定でも責任能力ありと認められた。

これで死刑にならないなら、それこそ「死刑が存在する意味なんてない」ということになるだろう。私もいまの死刑制度の枠内では宅間は死刑にされてしかるべきだと思う。にもかかわらず、この事件は同時に「死刑制度の無力さ」とでもいうべきものを私たちにつきつける。

死刑制度の無力さとは、死刑制度ですら悪用されることがある、ということだ。死刑制度も悪用されてしまえば、刑罰としての意味を大きく失ってしまう。

†死刑確定から異例の早期執行へ

そもそも宅間にとって死刑はどのような意味をもっていたのだろうか。

大阪地方裁判所から宅間に死刑判決がくだされたのは事件から約二年後の二〇〇三年八月二八日である。これに対して弁護団は控訴期限の九月一〇日に控訴した。

この控訴はいわば裁判の「お約束事」である。刑事裁判では、それがどんな凶悪事件であれ、弁護側は被告の利益を最大限追求しようとする。一般に死刑は極刑としてあらゆる被告人が避けたいと思う刑罰であり、したがって弁護側も裁判では死刑をできるだけ回避しようとする。宅間の弁護団が控訴したのもそのためだ。

しかし宅間はみずからその控訴を取り下げたのである。

これによって宅間の死刑判決が確定した。つまり宅間はみずからすすんで死刑に処される状況に身をおいたのである。

それだけではない。宅間はさらに、できるだけ早期にみずからの死刑が執行されることを要望さえした。

刑事訴訟法では、死刑判決が確定してから六カ月以内に法務大臣は死刑執行の命令をださなくてはならないと定められている（第四七五条）。

当時、死刑は確定から五～八年ほど経ってから執行されるケースが多かった。しかし宅間はそのように死刑執行が先送りされることを望まなかった。宅間は刑事訴訟法を逆手にとって、みずからの死刑執行が六カ月以内に、できれば三カ月以内になされることを求めたのである。

宅間が一審で主任弁護人を担当した弁護士に獄中から送った文章にもこうある。「死刑は、殺される刑罰や。六ヶ月過ぎて、いつまでもいつまでも、イヤガラセをされる刑罰ではない。すぐ殺せば、ダメージがないので、しばらくイヤガラセをしてから執行する――そんな条文が、あるんか。お前、法律家やったら、ワシの身になれや。法律を順守するのが、法律家やろ」。

宅間の死刑はけっきょく、死刑確定から約一年後の二〇〇四年九月一四日に執行された。法定どおりの「六ヶ月以内」ではなかったが、宅間が望んだとおりの早期執行だった。

†死んだほうが楽だと思っている人間にとって、死刑の意味とは何か?

もちろん宅間はみずからのおかした犯罪を心から反省して、罪をつぐなうためにできるだけ早い死刑執行を望んだのでは、ない。

それは公判での宅間の発言をみればあきらかである。第九回公判で宅間はこう述べている。「反省や申し訳ない気持ちはない。自分への後悔だけ」。

また宅間は、初公判で「命をもって償いたい」と述べたことについて、第一三回公判でこう発言している。「被害者や遺族らに謝罪する気持ちは一切ない。償うという気持ちはなく、やったことからして極刑しかない。新聞で裁判長が言っていた表現をまねしただけ」。

宅間には反省の気持ちも罪をつぐなおうという意志もなかった。どうせ死刑になるなら、いつまでも生きていたってしょうがない、死刑執行が引き伸ばされるよりも早く死んだほうが楽だ。こうした気持ちによって宅間は早期の死刑執行を望んだのである。

先にみた、宅間が弁護人に送った文章にはこうあった。「死刑は、殺される刑罰」であり、死刑執行が先送りされて「イヤガラセをされる刑罰ではない」と。また「すぐ殺せば(死刑囚への)ダメージがない」ともあった。

宅間にとってはヘタに拘禁状態のもとで生きさせられることは「イヤガラセ」でしかなく、それよりも殺されるほうが楽だったのだ。宅間にとってより楽なものを選んだ結果が、死刑確定のための控訴取り下げであり、早期執行への要望であった。

ここに、この事件が私たちにつきつけてくる究極的な問いがある。すなわち、死んだほうが楽だと思っている人間にとって、死刑はどこまで刑罰としての意味をもつのだろうか。

†池田小学校事件を起こすまでの驚愕の行動歴

宅間にとってはいたずらに生きさせられるよりも死ぬほうが楽だった——。

これは宅間のそれまでの人生をみれば十分納得できることである。宅間は子どものころから他人の嫌がることばかりを好んでおこない、周囲との軋轢をかかえ、すべてを他人のせいにし、暴力行為をくりかえし、何度も逮捕されていた。

宅間守は一九六三年一一月二三日に二人兄弟の次男として生まれた。

一審に提出された樫葉《かしば》鑑定によれば、宅間は小学一年か二年のとき、弱りかけていた猫を新聞紙でくるんで火をつけたという。報道によれば、中学生のときにも猫を三匹、ドラム缶で焼き殺している。猫への虐待は日常的におこなっていたようで、岡江鑑定によれば、宅間は中学時代に飼っていた猫の首を締めて、猫が硬直したり痙攣したりするのを面白がっていたという。

宅間は中学卒業後、工業高校に進学するも二年で中退した。在学中に教師を殴る事件をおこしている。高校を中退した一七歳のとき、宅間は映画館のトイレで女性を強姦しようとするが、抵抗され未遂に終わっている。

一八歳になった宅間は自衛隊に入隊する。しかし、家出中の未成年少女と性関係をもち、愛知県青少年保護育成条例違反で警察の事情聴取を受けたことで訓戒処分をうけ、入隊から一年ほどで自衛隊を依願退職した。

そのころから宅間は母親に暴力をふるうようになる。息子の家庭内暴力に悩んだ父親が精神病院に助けを求めるが拒絶されたという。二〇歳のころ、宅間は実家をでて母親と二人暮らしをする。父の証言によると、このころ宅間は母親と性的関係をもっていたらしい。この生活は約半年つづいた。

この時期から宅間の暴力行為はエスカレートしていき、宅間は逮捕をくりかえすようになる。

まず、不動産会社に就職した宅間は、管理していたマンションに住む女性の部屋にあがりこみ、強姦して、逮捕された。さらに同時期には、交通事故を起こした相手に「ライトがまぶしかった」と腹を立て、相手の車を壊したうえ、キリをもって相手を追い回して逮捕されたり、検問を突破して高速道路を逆走して逮捕されたり、新大阪駅前でタクシー運転手に暴行をはたらいて逮捕されたりしている。

これに対し宅間は、裁判を逃れるために精神病院を受診し、精神分裂病と診断されて入院を果たした。しかし、入院が長くなるといわれ、もくろみが外れた宅間は病院の屋上から飛び降り自殺をはかる。が、飛び降りた場所が車庫の屋根のうえだったため助かる。このとき宅間は二一歳だった。

　のちに宅間はこの自殺をめぐって母親に責任をなすりつけるようになる。自殺まで追い込まれたのはお前のせいだと、母親に損害賠償の請求をしたのである。こうした息子からの抑圧によって、母親はその後精神病になり、外界からの刺激に無反応になってしまう。

　けっきょく宅間の詐病の企ては失敗する。宅間はたんなる性格異常と診断され、管理マンションに住む女性への強姦事件で懲役三年の実刑判決が下された。宅間は奈良少年刑務所に三年服役した。

　二五歳で奈良少年刑務所を出所した宅間は、父親から勘当され家を追い出される。

　二六歳のとき宅間は四五歳の看護師と結婚をする。その看護師は、宅間が看護師とセックスしたいという理由から看護師の合格者名簿を入手し、かたっぱしから電話をかけて知り合った相手である。宅間は兵庫医科大学泌尿器科の医師と偽ってその女性と結婚した。しかしすぐに医師でないことがばれ、一二日後に協議離婚が成立した。

　その四カ月後、宅間は二度目の結婚をする。相手は小学校時代の恩師で、二〇歳年上の女性だった。宅間は二九歳のとき、その女性のはからいで兵庫県伊丹市市バス運転手の採用試験を受け、同市交通局に就職し、路線バスの運転手となった。しかし乗客や同僚とのトラブルがたえず、数年後にごみ収集の仕事に配置換えされる。この二度目の妻とも、度重なる強姦事件などを理由に三〇歳のときに離婚する。

三三歳のとき、宅間はカップリングパーティで知り合った二歳年上の女性と三度目の結婚をする。それ以前に宅間は本籍地を変更し、離婚歴を白紙にしていた。

女性は宅間との子を妊娠するが、結婚直後からくりかえされた宅間の暴力などによって離婚を決意。実家に逃げ帰った妻に、宅間は連日電話をし、復縁を迫り、断られると「塩酸で顔をずたずたにする」「殺す」などと脅迫した。女性は宅間の子を中絶し、結婚から一年数カ月後に離婚調停が成立する。宅間は慰謝料として女性から二〇〇万円を受け取った。しかしその後も宅間のストーカー行為はつづいた。宅間は女性の職場にまで押しかけ、女性を退社に追い込んだうえに、暴行をはたらき、女性の頭を壁にうちつけるなどして逮捕される。

三五歳のとき、宅間は三歳年下の女性と、妊娠をきっかけに四度目の結婚をする。このときも宅間は本籍移動によって離婚歴を消していた。しかしこの結婚生活も五カ月ほどで終わる。

そのころ、宅間は兵庫県伊丹市立池尻小学校に技能員として配置された。しかし、宅間は用務員室でアダルトビデオをみながら自慰行為をしていたところを教員に目撃され、注意される。逆ギレした宅間は精神安定剤入りのお茶をその教員に飲ませるという傷害事件をおこして逮捕。しかし宅間は精神分裂病を装い、不起訴となった。この事件で宅間は伊丹市職員を分限解雇される。三六歳だった。

その後も宅間は繰り返し逮捕されている。宅間は四度目の妻との仲をとりもつことを知人に依頼するが、断られたため、その知人の職場にいたずら電話を約一〇〇〇回かけ、威力業務妨害で逮捕された。また、ホテルのドアボーイを殴って逮捕されたり、ダンプの運転中に進路を妨害されたと腹を立て、車を運転していた大学生に暴行して逮捕されたりしている。しかしそのつど宅間は精神病を理由に裁判を回避しようとした。

このころ、多額の借金を抱えていた宅間は大阪地裁に自己破産を申し立て、認められている。さらに宅間は三人目の元妻にしつこくつきまとったあげく離婚無効訴訟を起こし、一五〇〇万円の慰謝料の支払を要求している。

また、池田小学校事件をおこす一〇日ほどまえには、宅間はネクタイで首吊り自殺をはかっている。ただ、このときは苦しくなってすぐにネクタイをほどいたという。他方、宅間の兄は、宅間からもたらされた積年の心労と事業の失敗などから宅間が三六歳のときに自殺した。

以上が、池田小学校事件を起こすまでの宅間の行動歴である。

†社会に復讐し、死刑になるための凶悪犯罪

宅間は池田小学校事件までに少なくとも二度の自殺未遂をしている。宅間の半生をみて、その自殺未遂が既遂だったらどんなによかったことか、と思う人はけっして少なくないだろう。死ぬならひとりで死ねばいいのに、と。

しかし宅間は自分では死にきれず、他人を巻き添えにすることを選んだ。それも宅間の人生に何の関係もない、小さな子どもたちを。

宅間は公判で大量殺人にいたった理由について「自分の人生を幕引きする代わりに他人を道連れにしてやろうと考えた」（第一二回公判）と述べている。

要するに、たくさん人を殺して死刑になろう、ということだ。あまりに身勝手な考えだ。宅間は自分では死にきれないため、他人を巻き添えにして死刑になることを選んだのである。

さらに宅間は社会に対するうらみや敵意をもっていた。宅間は公判で「今までさんざん不愉快な思いをさせられて生きてきた」（最終陳述）、「世の中のやつは全部敵や」（第一〇回公判）などと述べている。

この敵意やうらみが犯行の動機となった。凶悪な事件をおこすことで社会に復讐してや

ろうという動機だ。宅間は犯行の目的をこう述べている。「ワシみたいにアホで将来に何の展望もない人間に、家が安定した裕福な子供でもわずか五分、一〇分で殺される不条理さを世の中に分からせたかった」（第一一回公判）

犯行にいたる宅間の考えは検察側の冒頭陳述では以下のように説明されている。

このような経緯を経て、被告人は、同年（二〇〇一年）六月七日夜、大阪府池田市内の当時の自宅において、これまでの経緯を振り返り（中略）すべてを甲女の責任に転嫁して恨みを抱いた。それとともに、同女との裁判でまとまった金を手に入れようとした当ても外れ（中略）将来の見通しが全く立たないとの絶望感にかられた。（中略）そのようなことを考えるうちに、被告人は、「自殺をしても甲女らが喜ぶのみである、何でおれだけ死なんといかんねん。あほらしい。自分が死ぬくらいなら自分自身が味わっている絶望的な苦しみをできるだけ多くの被害者とその家族に味わわせてやろう」という思いを抱いた。当時の被告人は、甲女や父親に対する強い恨みを持っていたが、かねてから社会に適応できず、学歴コンプレックスや劣等感から社会や世間に対して根強い不信感と不平等感を抱いてきたため、同女や父親に対する強い恨みは、他人や社会に対して責任を転嫁する性格や攻撃的な性格と相まって、その対象を社会や世間に向け、社会や世間に対して仕返しをしてやろう、自らの苦しみを社会や世間のできるだけ多くの人間に味わわせてやろうと考えるに至った。かくして、被告人は、その恨みの感情を社会や世間の不特定多数の人物に向け、「めちゃくちゃやってやろう、大量に人を殺害しよう」と考え、事件を起こせば甲女も自分と知り合ったことを後悔し、父親も自分の父親になったことを後悔するであろうし、社会や世間の多くの人間もその最愛の家族、友人、知人を失い自分と同じような絶望的な苦しみを味わうであろうと考えた。そのため、被告人は、日曜日に大阪市内の繁華街にダンプカーで突っ込むなど大量殺人のための幾つかの犯行方法を考えたが、その中でも、小学生を襲えば、体格も小さく、逃げ足も遅いため、多数の者を簡単に殺害できると考え、小学校を襲おうと思い付くとともに、具体的な対象として、かつてあこがれ、同時にねたましく思ったいわゆるエリート校とされている大阪教育大学教育学部附属池田小学校の児童多数を無差別に殺害することを決意するに至った。

ここで「甲女」といわれているのは三人目の結婚相手のことである。宅間は三人目の結婚相手に対して離婚無効訴訟を起こし、一五〇〇万円の慰謝料を請求したが、うまくいかなかった。当然だろう。しかし、絶望した宅間は、自分が死ぬぐらいなら、自分と同じような絶望的な苦しみをできるだけ多くの人に味わわせて社会に仕返しをしてやろう、と考えるにいたったのである。

社会に適応できず、死のうと思っても自分では死にきれなかった男が、社会への敵意やうらみをつのらせ、多くの人を殺して自分も死刑になろうと思っておこしたのが、池田小学校事件なのである。

†死刑をめぐる究極的な問い

こうしてみてくると、私たちは死刑をめぐる一つの究極的な問いにぶちあたらざるをえない。すなわち、死刑になりたいという人間に対しては、死刑は犯罪の抑止になるどころか、犯罪を誘発する要因になってしまうのではないか、という問いだ。

宅間は「自分の人生を幕引きするための道連れ」として大量殺人をおこなった。もし死刑がなかったら、はたしてその大量殺人は起こっていただろうか。そんな疑問がどうしてもわいてきてしまう。

池田小学校事件が私たちに示したのは、死刑すら悪用されてしまうことがある、という現実だ。

死刑は犯罪を抑止することもあるかもしれないが、同時に犯罪を誘発することもある。

しかもその場合、より凶悪な犯罪を誘発しかねない。死刑はそのとき刑罰としてどこまで力をもつのだろうか。

もし死刑がなかったら池田小学校事件は起きていなかったのではないか、という問いは多くの人をいらだたせるにちがいない。なぜならこの問いは「犯人を死刑にしろ」という人びとの処罰感情に対立してしまうからである。

私もこの問いによって宅間を免罪するつもりはまったくない。池田小学校事件が起きたことを死刑制度があったせいにすることはできない。当然である。責められるべきは死刑制度を悪用したことであって、死刑制度そのものではない。

しかし、だからこそ死刑制度さえ悪用されるのではないかという問いは正面からとりあげられなくてはならない。死刑制度ですら悪用されうるということは、「犯人を死刑にしろ」という処罰感情もまた悪用されうるということである。

私たちの処罰感情にとってどれほどおもしろくないことだとしても、死刑制度を悪用した凶悪事件が現に起こっているという問題を無視することはできないのである。

†死刑の悪用という、やっかいな問題

死刑の悪用という問題はこれまでほとんど議論されずにきた。それだけこの問題はやっ

かいだということである。

なぜやっかいなのかといえば、それはこの問題が死刑そのものの無力さをあらわにしてしまいかねないからである。死刑になるために凶悪な犯罪が実行されるのであれば、犯罪を抑止するという点でも、懲罰をあたえるという点でも、死刑は意味をなさなくなってしまう。

これは死刑を肯定する人にとってひじょうに都合の悪い現実だ。死刑の意義をそれは根本的に否定してしまうからである。

ただし、この現実は死刑賛成派にとってだけでなく死刑反対派にとっても都合が悪い。なぜなら死刑の悪用の問題に対処するためには死刑より厳しい刑罰を考えなくてはならないからである。

死刑反対派の多くは、死刑を人道的ではないという理由で反対しているから、死刑より厳しい刑罰を考えることをけっして受け入れない。死刑反対派のなかには、終身刑の導入すら、人道的ではないと反対する人もいるほどだ。だから、死刑は一部の犯罪者には無力だから死刑よりも厳しい刑罰を導入すべきだという議論には、反対派はなかなか与することができないのである。

反対派にとっても賛成派にとっても都合が悪いからこそ、死刑の悪用という問題はこれまでほとんど議論されてこなかったのである。しかし、死刑の悪用とは、死刑制度の存在意義にかかわる本質的な難問だ。その難問を避けて、死刑について論じることはできない。

†極端な事例だからこそ問題の本質があらわれる

とはいえ、ここでさらに次のような疑問がでてくるかもしれない。たとえ死刑が悪用されることがあるとしても、池田小学校事件はあまりに極端な事例であり、その意味で例外とするべき事件なのではないか。

たしかに池田小学校事件は極端な事例ではある。極限的な事例であるといってもいいかもしれない。しかし、極端な事例だからこそ死刑がかかえる問題がはっきりと示されているともいえるのだ。問題の本質はもっとも極端な事象のなかにこそあらわれる。

さらにいえば、池田小学校事件はけっして例外的な事件ではない。死刑になるために凶悪な犯罪におよんだという事件はけっして少なくないのである。

たとえば二〇〇八年三月におこった土浦連続殺傷事件がそうだ。

当時二四歳だった金川真大《かながわまさひろ》は、まず三月一九日に、茨城県土浦市に住む七二歳の男性に自転車がパンクしたので空気入れを貸してほしいといって近づき、背後から男性を刃物で刺して殺害した。現場に放置した自転車から金川は二一日に指名手配される。が、金川は二二日に携帯電話から警察に電話し「早く捕まえてごらん」などと挑発。その後、二三日に土浦市の荒川沖駅付近で、通行人と警察官の八人を刃物で刺したり切りつけたりして、うち一人を死亡させた。その後、金川は近くの交番にいき、備え付けの呼び出し電話から「私が犯人です」などとみずから通報し、駆けつけた警察官に逮捕された。

犯行の動機について金川は第三回公判で「死刑のため」だと述べている。また、弁護人から「死にたいのか死刑になりたいのかどちらですか」ときかれて、「死にたいが先です。その手段が死刑です」と答えている。さらに弁護人から「何人殺しても死刑にならないというのであれば、事件は起こさなかった？」ときかれると、明確に「はい」と答えた。

そのことばをそのまま受けとるなら、この土浦連続殺傷事件も死刑がなければ起きなかった事件である。

また、一審判決前の二〇〇九年六月、水戸拘置支所で産経新聞の取材に応じた金川は、死刑になることが犯行の理由であり、早く死刑に処されたいと述べている。また拘置所内では「日々、殺すことしか考えていません」と告白。「殺すこととは、もし外に出たら、どうやってまた殺しをするかということです。それは死刑になるためです。もし今解放されたら、また殺人をするかと問われたら、答えは『します』です」と断言したという。

二〇〇九年一二月一八日に水戸地方裁判所は金川に死刑判決をくだした。判決文はこの犯行が「死刑になるという目的のため」におこなわれたものであり、被告は「死刑を待ちこがれている」と認めた。

死刑判決をうけた金川は一二月二二日に読売新聞の取材をうけて、「完全勝利といったところでしょうか。（死刑願望が）変わることはない」と話した。死刑判決に対して弁護人は即日控訴したが、金川は控訴を取り下げ、二〇一〇年一月五日に死刑判決が確定した。

†けっして少なくない、死刑になるための凶悪犯罪

この事件はマスコミに大きく注目された。逃走中に金川が警察に電話をして挑発したからだけではない。さらに公判で「（人を殺すことは）蚊を殺すことと同じ」「善悪自体存在しない」などと述べたからでもある。

ただ、ここまでマスコミに注目されたわけではないものまで含めれば、ほかにいくつも「死刑になりたかったがための犯罪」をあげることができる。

二〇〇八年四月二二日、鹿児島県で一九歳の自衛官がタクシー運転手の首をナイフで切りつけて殺害した。その後、自衛官は無人の交番から警察に電話し、逮捕された。このときも自衛官は「人を殺して死刑になりたかった」と犯行の動機を述べている。

もうひとつあげておこう。

二〇一二年六月一〇日、大阪ミナミの繁華街で、男女二人が男に包丁で刺されて死亡した。その場で逮捕された礒飛《いそひ》京三は犯行の動機について、「おととい の夜、大阪に来て、自殺しようと現場近くで刃物を買ったが死にきれず、人を殺したら死刑になると思った。誰でもよかった」「人を多く殺せば確実に死刑になると思い、人通りが多い所を目指して現場に来た」などと述べた。礒飛は同年五月二四日に刑務所を出所したばかりだった。

じつは私自身も同様の事件を目の当たりにしたことがある。

かつて、非常勤講師をしていた山梨県の看護学校の女子学生がコンビニでのアルバイト中に男に刺されて殺害された。二〇〇四年一一月下旬のことだ。すぐに男は逮捕されたが、あまりに身勝手な犯行の動機をきいて私は大きな怒りを覚えた。東京都に住むその男は自殺しようと富士山の樹海にいったが、けっきょく死にきれず、人を殺せば死刑になれると思い、樹海からの帰りに近くのコンビニに寄って犯行におよんだという。

さきの大阪ミナミの通り魔事件について、松井一郎大阪府知事（当時）は事件翌日、次のように記者団に語った。「『死にたい』というのなら、自分で死ねよ。本当にむかむかくる。人を巻き込まず自己完結してほしい」。

この発言に対しては、全国的に自殺予防対策が進められるなかで行政のトップが自殺容認とも受けとれる発言をしていいのか、と問題視する意見もあった。ただ、正直なところ、山梨の事件を目の当たりにしたとき、私が感じたのも同じような気持ちだった。

死刑になりたかったから他人を殺すという事件はけっしてめずらしくないのである。そうである以上、池田小学校事件はたとえ極端な事例ではあるとしても、それを例外としてあつかうことはできないのだ。

2 終身刑と死刑

†池田小学校事件から導きだされる二つの問い

整理しよう。

池田小学校事件から導きだされた問いは次の二つである。

まず、生きているより死んだほうが楽だと思っている人間にとって、とりわけ拘禁されながら生きているより死んだほうが楽だと思っている人間にとって、死刑はどこまで刑罰としての意味をもつのか。

つぎに、死刑になりたいと思っている人間にとって、死刑は犯罪を抑止するどころか誘発する要因となってしまうのではないか。とりわけ、社会に仕返ししたい、復讐したいと怨念をつのらせている人間には、より凶悪な犯罪を誘発させてしまう要因となってしまうのではないか。

順にみていこう。

まずは第一の問いから。すなわち、死んだほうが楽だと思っている人間にとって死刑はどこまで刑罰としての意味をもつのか、という問いである。

宅間を死刑にすることはいまの刑罰制度のもとではやむをえないことだ。しかしそれは同時に宅間の望みをかなえることにもなった。そうである以上、宅間を死刑にすることはどこまで刑罰としての意味をもっていたのだろうか。

†「宅間だって本当は生きたかったはずだ」という指摘

ここで次のような指摘がだされるかもしれない。宅間だって人間である以上、やはり死ぬのはいやだったはずだ、という指摘だ。

じつは同じ指摘を、私は死刑反対論者から受けたことがある。宅間だって心の底では生きたかったはずで、そうである以上は生きて罪をつぐなわせるべきであり、更生の可能性をけっして奪うべきではなかった、と。

とはいえ、この死刑反対論者の指摘はここでの議論の前提とはかみ合わない。もし宅間が本当は生きたいと思っていたのであれば、それこそ彼を死刑にすることに意味があったことになるからだ。

ここでの問題はあくまでも、犯罪者が望むような刑罰をしても意味があるのか、ということである。

もし宅間が心の底では生きたいと思っていたのなら、生きて罪をつぐなわせるという刑罰は宅間の望みをかなえることにしかならない。「宅間は生きたかったはずだ、だから生きて罪をつぐなわせるべきだった」という意見は、「宅間が死にたいと思っているなら、さっさと死刑にしてしまえ」という意見と同じように、刑罰の意味を考察しようとしない空虚な意見でしかない。

したがって、もし「宅間だって死にたくなかったはずだ」という仮定にたつならば、刑罰の意味を考察するために議論すべきは「宅間を死刑にしたことにはやはり意味があったのではないか」という問いになる。「宅間だって死にたくなかったはずだから、生きて罪をつぐなわせるべきだったのではないか」とは決してならない。そうした問いは「生きたいと思う宅間の望みをかなえてあげる刑罰に何の意味があるのか」という反論をもたらすだけで、けっきょくは死刑支持の意見を強めることになるだけだ。

宅間が死刑を望む言動を繰り返していたからこそ、「死んだほうが楽だと思っている人間にとって死刑はどこまで刑罰としての意味をもつのか」という問いが重く迫ってくるのである。

†刑罰そのものをまぬがれるか、それとも死刑になるか

では、実際にはどうだったのか。検証しておこう。

宅間守は逮捕された当初「幻聴が聞こえる」などと偽って精神に異常があるように装い、刑罰を逃れようとした。また宅間は、池田小学校を何度も下見し、自宅からのルートや逃走経路などをカーナビゲーションに入力してもいた。六法全書を熟読し、裁判や刑法について研究してもいた。

このことから、宅間が当初は罪を逃れようとしていたことは明白である。

だから本当は宅間だって死刑をまぬがれたかったはずで、この事件においても死刑には刑罰としての意味があった、と考える人もいるかもしれない。たしかに、逃走や詐病によって逮捕や起訴をまぬがれることができれば、それが宅間にとってはベストな状態だったにちがいない。

しかし宅間は、詐病がばれるとその後はひらきなおり、「幼稚園ならもっと殺せた」（最終陳述）、「（事件を）起こした後も全然満足していない」（第一一回公判）など、法廷で数々

の暴言を吐くようになった。法廷では、謝罪をするなど、死刑を回避するような行動は何ひとつとっていない。そして死刑判決が下されると、みずから控訴をとりさげ、なおかつ、死刑判決確定から六カ月以内に死刑を執行しなくてはならないと定めてある刑事訴訟法を盾に早期の死刑執行を求めたのである。

つまり、宅間にとって望ましかったのは、逃走や詐病によって刑罰そのものをまぬがれるか、死刑になるかのどちらかだったのであり、ずっと牢屋に閉じ込められ罪のつぐないをさせられつづけることはどうしても避けたいことだったのである。そして、詐病がばれて起訴された以上、宅間にとって死刑こそがもっとも望ましいものとなった。

たしかに宅間は「そもそも刑罰を受けなくてすむ」ということを望んでいたかもしれない。しかし、刑罰を受けることが避けられなくなった状況では、宅間は死ぬことでできるだけ早くその状況を終わりにしたかったのだ。

したがって、詐病や逃走の試みをもって「宅間だって生きたかったはずだ」と考えるのは妥当ではない。宅間が生きたかったとしても、それはあくまでも刑罰そのものをまぬがれることができるかぎりにおいてであり、刑罰を避けられないという状況では宅間はやはり死刑を望んだのである。

†死刑にされるほうが「ラク」という犯罪者たち

要するに、あのような凶悪な犯罪に対して想定される刑罰のなかでは、死刑は宅間にとって「望ましい」刑罰だったということだ。宅間にとっては、長期にわたって拘禁されて刑罰を受けつづけるよりも死刑にされるほうが「ラク」だったのであり、その点で刑罰としての意味が死刑にはひじょうに小さかったのである。宅間を処罰するには死刑はあまりに簡単な方法だった。

こんな手記がある。

俺の考えでは死刑執行しても、遺族は、ほんの少し気がすむか、すまないかの程度で何も変わりませんし、償いにもなりません。／俺個人の価値観からすれば、死んだほうが楽になれるのだから償いどころか責任逃れでしかありません。死を覚悟している人からすれば、死刑は責任でも償いでも罰ですらなく、つらい生活から逃してくれているだけです。だから俺は一審で弁護人が控訴したのを自分で取り下げたのです（『命の灯を消さないで』インパクト出版会、九五頁）。

これは尾形英紀という死刑囚の手記である。

尾形は二〇〇三年八月、埼玉県熊谷市のアパートで風俗店店長の男性を刺殺した。そして、それを目撃した三人の女性を拉致し、一人を殺害、二人に重傷を負わせた。

この犯行によって尾形は一審のさいたま地裁で死刑判決を受けた。彼もまた控訴を取り下げて、一審の死刑判決をみずから確定させている。

その人間が「死刑は責任でも償いでも罰ですらなく、つらい生活から逃してくれているだけ」「死んだほうが楽になれる」と述べているのである。宅間のほかにも、死刑が「つらい生活から逃してくれるだけ」で「罰ですらない」犯罪者は存在するのだ。「宅間」はけっして一人ではないのである。

†〝簡単に死ねると思ったら大間違いだ〟という刑罰

そうである以上、「宅間」（のような犯罪者）を処罰するためには、むしろ死刑よりも、死ぬまで牢屋からでられない刑罰、すなわち仮釈放のない終身刑のような刑罰のほうがよいのではないか、と思えてくる。

仮釈放のない終身刑なら、宅間は生きているあいだずっと、それも犯行当時三七歳という宅間の年齢を考えるなら長きにわたって、刑罰を受けつづけることになる。刑罰は本人が避けたいと思うものでなくては意味がない。〝そう簡単に死ねると思ったら大間違いだ〟という刑罰こそ、宅間のような犯罪者に対しては意味があるのではないか。

ただし終身刑には大きな問題がある。宅間のような犯罪者に終身刑を科すことができるようにするためには、死刑を廃止しなくてはならない、という問題だ。

なぜ死刑を廃止しなくてはならないのかといえば、死刑が存置されているかぎり死刑が極刑だということにならざるをえず、あれほどの凶悪な犯罪をおこなった人間を処罰するためにはその極刑を適用するほかないからである。宅間のような犯罪者に終身刑を科すことができるようにするためには、終身刑を極刑にするしかない。

読者の中には、死刑と終身刑をともに極刑として位置づければいいのではないか、と考える人もいるかもしれない。

しかし、たとえ両者をともに極刑として位置づけたとしても、それら極刑のうちどちらを適用するのかを、被告（犯罪者）がどちらの刑罰を避けたいと思っているのかによって決めるわけにはいかない。

なぜなら、死刑を逃れたい被告があえて死刑を望むような言動をくりかえし、死刑を回避しようとする事態も生じかねないからだ。あるいは逆に、終身刑だけは逃れたい宅間のような被告があえて終身刑を望むような言動をくりかえし、終身刑を回避しようとする事態も生じうる。

たとえ終身刑を導入したとしても、死刑を廃止しないかぎり終身刑が極刑ということにはならず、宅間のような犯罪者に終身刑を科すことはできないのである。終身刑と死刑はそう簡単には両立しえないのだ。

†終身刑と無期懲役刑の違い

もう一点、終身刑については注意すべきことがある。無期懲役刑との違いである。

終身刑と無期懲役刑はしばしば混同される。どちらも「刑期の期限がない」という点では同じだからだ。

ただし、日本でいう無期懲役刑には仮釈放の可能性がある。無期懲役刑を科された受刑者が二〇年や三〇年で刑務所を出所することがあるのはそのためだ。

これに対して、ここでいう終身刑には仮釈放の可能性はない。終身刑の受刑者は文字どおり「死ぬまで」刑務所に収監されつづけなくてはならないのである。

海外では、終身刑に仮釈放の可能性を認めている国も少なくない。そうした終身刑はしばしば「相対的終身刑」といわれる。それはどちらかといえば日本の無期懲役刑に近い。

それに対して、ここで終身刑というときは、あくまでも仮釈放のない絶対的な終身刑をさす。

要するに、仮釈放の可能性のある無期刑と、仮釈放の可能性のない終身刑。両者は明確に区別されるのである。

ただし、実際の運用をみてみると、両者がかなり近いものになっているのも事実である。そもそも日本では、すべての無期懲役刑の受刑者が仮釈放されるわけではないからだ。刑務所で死を迎える無期懲役受刑者も多い。

無期懲役受刑者の仮釈放は、受刑者の改悛の情だけでなく、更生への意欲や再犯のおそれ、おかした犯罪の悪質さや動機、そしてその犯罪（者）に対する社会の感情、などを総合的に考慮して判断される。ただでさえ仮釈放のハードルは高く、なかなか実施されないのである。

また最近では、とくに犯情が悪質な無期事件に対しては、検察が「マル特無期事件」に指定し、仮釈放について特別に慎重な審理をもとめている。そうした「マル特無期事件」では仮釈放のハードルはさらに高くなる。

全体的な傾向として、無期刑における仮釈放は抑制的に運用されるようになっているのである。無期刑は実質的には「終身刑化」しつつあるのだ。

とはいえ、それでも両者は制度的には明確に区別される。はじめから仮釈放のない終身刑と、たとえ可能性は小さいとしても仮釈放の可能性がある無期刑、という区別だ。

受刑者にとっての意味も両者でまったく異なるだろう。

ときどき、終身刑を導入すべきという意見に対して、刑務官の仕事がより困難になるのではないか、という懸念がだされることがある。終身刑には仮釈放の可能性がないため受刑者がまったく前向きになることがなく、また諸外国の事例が示すように精神を病む受刑者も少なくないため、刑務官が受刑者を御しにくくなるのではないか、という懸念である。

それだけ仮釈放の可能性があるかどうかということは受刑者にとって大きな意味をもつということだ。刑罰としての意味もそれだけ違うということである。

†被害者遺族の応報感情

問いにもどろう。

宅間のような犯罪者を処罰するためには、死刑がいいのか、終身刑がいいのか。言い換えるなら、死刑を存置しつづけるほうがいいのか、死刑を廃止して終身刑を導入するほうがいいのか。

この問いを考えるにあたって無視できないのはやはり被害者遺族の感情である。というのも凶悪事件の場合、被害者遺族は加害者の死刑を望むことが多いからだ。

そこにあるのは、死刑によって加害者に報いたいという、被害者遺族の応報感情である。その遺族の応報感情を考えると、やはり終身刑よりも死刑のほうがいいのではないか、という意見に説得力がでてくる。

池田小学校事件でも殺害された児童たちの親からは宅間の死刑を望む声が相次いだ。当然だろう。自分の娘を殺害した犯人が同じ空気を吸って生きていることが耐えられない、と訴えた親もいた。

そうした遺族たちの気持ちに応えることができたという点では、宅間の死刑に意味があったと考えることがたしかにできる。宅間と被害者遺族が同じ空気を吸わないようにするためには、やはり宅間を死刑にするしかない。

ところで、こうした被害者遺族の応報感情を、ときどき死刑廃止論者が「一時的なもの」「まわりに誘導されているだけ」「復讐はよくないこと」「罪を憎んで人を憎まず」「他者を赦すことの大切さ」などといって否定しようとすることがある。なぜ否定しようとするのかといえば、「死刑でなければ被害者遺族の気持ちがおさまらない」「遺族の気持ちを考えるなら死刑もやむなし」というかたちで遺族の応報感情が死刑存置論の強力な根拠となっているからだ。

例として、内閣府が五年ごとにおこなっている、死刑制度にかんする世論調査をみてみ

図1　死刑制度に対する態度

死刑制度に関して、このような意見がありますが、あなたはどちらの意見に賛成ですか。
・死刑は廃止すべきである
・死刑もやむをえない

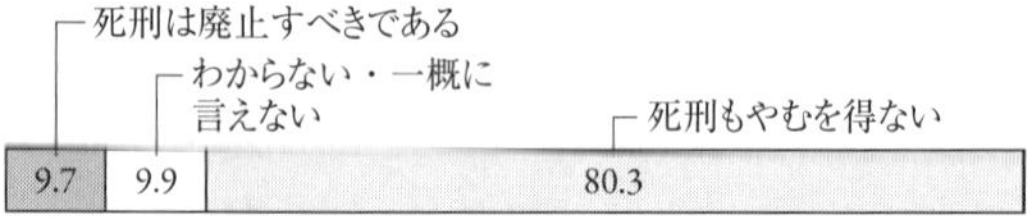

出所：内閣府『平成27年度　基本的法制度に関する世論調査』より作成
注1：調査時期は2014年11月13日～23日。
注2：回答者総数1826人。

よう（図1・2）。

現時点で最新のものは二〇一四年一一月におこなわれた世論調査である（内閣府「基本的法制度に関する世論調査（平成二六年一一月調査）」）。それによると、死刑制度の存廃について「死刑もやむを得ない」と答えた者は全体の八〇・三％だった。その「死刑もやむを得ない」と答えた者に複数回答でその理由をきいたところ、もっとも多かったのが「死刑を廃止すれば、被害を受けた人やその家族の気持ちがおさまらない」という理由で五三・四％だった。

こうした世論調査の結果をまえに、死刑廃止のためには被害者遺族の応報感情を否定しなくてはならない、と考える死刑廃止論者がいてもおかしくはない。

しかし、私は被害者遺族の応報感情を否定することは無意味だと思う。

図2　死刑制度を存置する理由

「（死刑もやむを得ない」と答えた人〔1467人〕を対象に）
『死刑もやむを得ない』という意見に賛成の理由はどのようなことですか。この中から、あなたの考えに近いものをいくつでもあげてください。（複数回答）

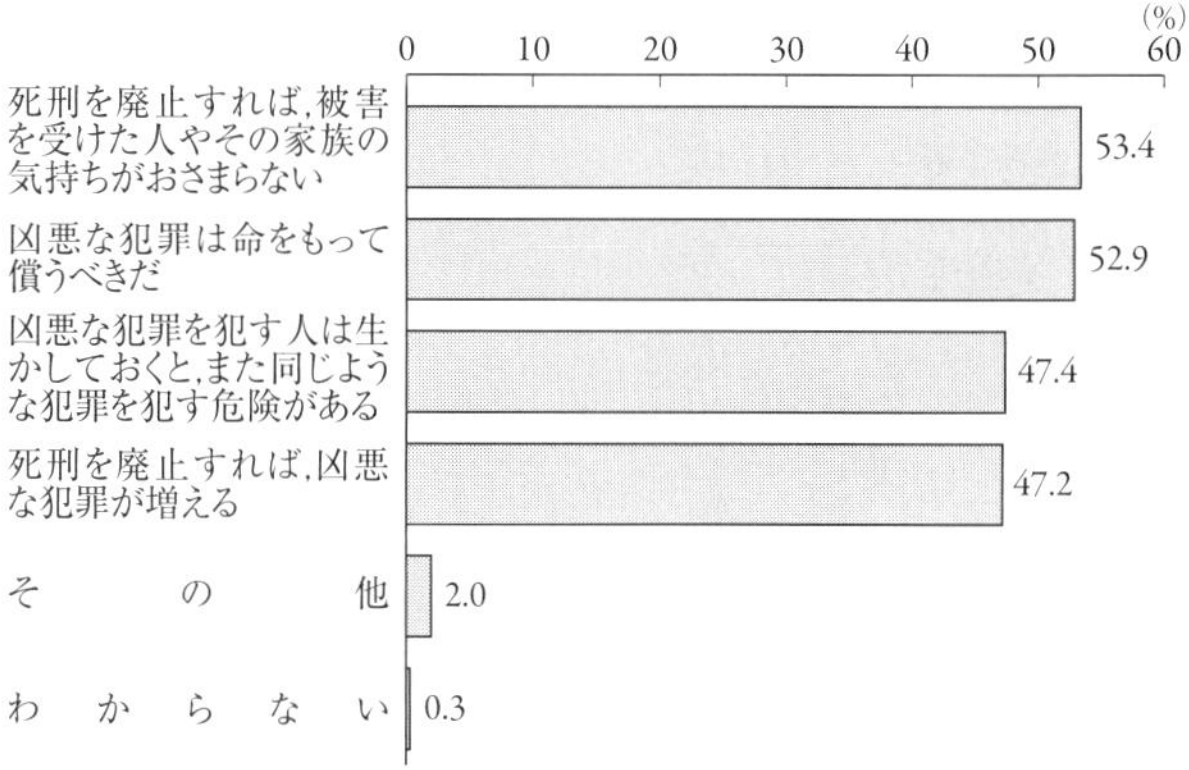

出所：内閣府『平成27年度　基本的法制度に関する世論調査』より作成
注1：調査時期は2014年11月13日〜23日。

なぜなら応報感情そのものを否定することは実際には不可能だからである。

応報感情は、それが死刑を積極的に肯定するところまでいくかどうかは別にして、道徳をなりたたせている根源的な感情の一つである。たしかにそれはネガティブな感情ではあるだろう。しかし広い視点にたてば、やさしくしてくれた人にはやさしくしたい、というポジティブな感情も応報感情である。それを否定することは、道徳のない世界を想定するようなものだ。それは不可能であり、また無意味である。

それに、応報感情を否定することは死刑廃止論にとってもマイナスだろう。応報感情を否定しなければ死刑を廃止できない、ということになれば、死刑廃止のハードルはものすごく高くなってしまうからだ。

たとえ応報感情を認めても、死刑廃止の論拠はなりたちうる。死刑廃止論者が死刑廃止を本当に望むならば、遺族たちの応報感情をじゅうぶんに満たすかたちで代替案を提示しなくてはならない。

†それでも残るくやしさ

池田小事件でも遺族たちの応報感情を否定することは決してできない。遺族たちは宅間の死刑を望んだ。このことを否定することはできない。被害者遺族の無念さを少しでもはらすことができたという点で、宅間の死刑に意味があったのはたしかだ。

しかし、それでもくやしさは残る。

遺族は宅間の死刑を望んだが、同時に宅間自身もみずからの死刑を望んだからだ。

宅間が死刑になることで少しでも無念さをはらしたいという遺族たちの気持ちを考えれば考えるほど、逆に宅間の思いどおりに事が進んでいったことがくやしく感じられるのである。

宅間に殺害された女児の父親は、宅間の死刑執行を受けて、こう話していた。「裁判では死刑を望むような発言をしていたが、死刑確定後に心境の変化があったのか、贖罪の気持ちを持ったのかどうか。それが確認できないまま執行され、複雑な心境だ。死刑で本人の希望がかなったのであれば意味がない」。

土浦連続殺傷事件でも同じ問題があった。

金川に死刑判決をくだした判決文ではこう述べられている。「遺族感情、被害者感情は非常に厳しいものの、金川被告の希望どおりの判決となることに複雑な心情もある」。

被害者遺族は金川に対する応報感情によって死刑を望んだが、同時にそれが金川の希望を叶えることにもなったことで、割り切れない思いも抱いたのである。

遺族ではない私たちですら、宅間の事件をまえにして割り切れない気持ちになる。宅間を死刑にするのは処罰としてあまりに簡単だったのではないか、と。

そもそも被害者遺族の多くが加害者の死刑を望むのは、現行の刑罰制度ではそれ以外に選択肢がないということも背景にある。もし終身刑もその選択肢に入るのであれば、もしかしたら被害者遺族の希望も変わってくるかもしれない。

「私たちは愛する人を殺されてこんなに苦しんでいるのに、そしてその苦しみは一生なくなることはないのに、加害者のほうは死んですべてを済ませることができる。これでは簡単すぎるのではないか」。

こうした気持ちだって被害者遺族によっては抱かないわけではないだろう。

†死刑よりも苦しい刑罰になりうる終身刑

実際、死刑よりも終身刑のほうが受刑者にとってより苦しい刑罰になることは十分ありうる。

もちろんどちらがより苦しいかというのは受刑者によって異なるだろうから、一概に決めつけることはできない。ただ少なくとも、終身刑よりも死刑のほうが誰にとってもつねに苦しい刑罰だ、ということにはならない。

たとえば、二〇〇七年一月に死刑廃止国であるフランスで終身刑の受刑者一〇名が「火にじわじわと焼かれるより直ちに殺された方がまし」という公開状を提出した。

さらにその四カ月後の二〇〇七年五月に、今度はイタリアで、終身刑の受刑者三一〇名が「いっそ死刑にしてもらう方がましだ」という嘆願書を大統領に提出した。その嘆願書にはこう書かれている。「将来に希望がないわれわれの人生は無に等しく、毎日少しずつ命を削られるような刑ならいっそ死刑にしてもらう方がましだ」。

断っておくと、フランスでもイタリアでも、終身刑には仮釈放の可能性が認められている。つまり両国では、終身刑といってもそれは日本の無期懲役刑に近いものだ。それでも「死刑のほうがましだ」という嘆願書や公開状がだされるのである。仮釈放の可能性のない終身刑のもとではなおさらだろう。

こうした事例を踏まえるなら、「終身刑は死刑よりラクな刑罰だ」と一方的に決めつけることはできなくなる。それは私たちの偏見かもしれないのだ。

死刑よりも終身刑のほうが受刑者にとって苦しい刑罰になりうるのであれば、被害者遺族の応報感情も死刑一辺倒ではなくなるかもしれない。「私たちは愛する人を殺されて一生苦しまなくてはならない。加害者も一生苦しむべきだ」という応報感情である。

むしろ終身刑によって加害者は一生苦しまなくてはならないことがわかれば、死刑よりも終身刑のほうが被害者遺族の応報感情を満たすということだってありうるのだ。

†終身刑は税金のムダ遣いか?

終身刑の導入に対してはしばしば次のような批判がなされる。なぜ凶悪な犯罪をおかした人間を私たちの税金で生きさせなくてはならないのか、という批判だ。

たしかに、中島隆信『刑務所の経済学』によれば、受刑者一人当たりの収容費用には年

しやすくなるかもしれない。

このあたりのことについては、技術的な問題として詰めていけばいい。私自身、終身刑と超長期の有期懲役刑のどちらかに強いこだわりがあるわけではない。

実際、終身刑にするか、それとも人間の寿命をはるかにこえた有期懲役刑にするか、という問題は本論考にとってそれほど重要ではない。なぜならそれは「一生刑務所からでられない刑罰を死刑の代わりに設定するならどのようなものが望ましいか」という各論的な問題であり、ここで考えるべきは、その前の段階の問題、すなわち「死刑の代わりに一生刑務所からでられない刑罰を設置すべきかどうか」という問題だからだ。

†処罰の意味を十全にするための終身刑の導入

宅間の事例は、その「一生刑務所からでられない刑罰」「死ぬまで罪を償わなくてはならない刑罰」を死刑の代わりに設置すべきだという意見をひじょうに説得的にする。

その理由は、死刑が非人道的で残酷だから、ではない。死んですべてを終わりにしたい、死ねばつらい生から逃れられる、と思っている犯罪者に対しては、死刑はあまりに簡単な刑罰であるからだ。

一般に死刑廃止論者は、犯罪者から更生の可能性を永遠に奪う死刑は非人道的である、という理由で死刑に反対する。

しかし、ここで死刑を廃止して終身刑を導入しようという理由になっているのはまったく逆だ。死刑が簡単な刑罰になりうるからこそ、死刑は見直されなくてはならないのである。「ひどいことをした犯罪者はとにかく殺せ！」というだけでは、私たちの処罰感情は満たされても、処罰そのものは不完全になりかねない。

刑罰が処罰としての意味を十全にもつために終身刑の導入は考えられていいのである。

この点について、死刑と終身刑のどちらが受刑者にとって過酷か、ということを一般論として決定することはできない。なぜならどのような刑罰が過酷かということは最終的には受刑者によって異なるからだ。死刑よりも終身刑のほうがつらいと感じる人間もいれば、やっぱり死刑のほうがつらいと感じる人間もいるだろう。

しかし、終身刑の導入は、犯罪者に対して「そう簡単には死ねないぞ」「死んでつらい生から逃れられると思ったら大間違いだ」というメッセージを与えることになる。死ぬことを逃げ道にさせないという終身刑の意義は、それはそれで厳しいものだろう。

3　死刑に犯罪抑止力はあるのか、という問い

池田小学校事件から導きだされるもう一つの問いに移ろう。

その問いとはこうであった。

すなわち、死刑になりたいと思っている人間にとって、死刑は犯罪を抑止するどころかそれを誘発する要因になってしまうのではないか。とりわけ、社会に仕返しをして死にたい、と怨念をつのらせている人間に対しては、より凶悪な犯罪の引き金となってしまうのではないか。

†凶悪犯罪の引き金となりうる死刑

死刑になりたいと思って凶悪事件をおこす犯罪者がけっして例外的な存在ではないことはすでにみた。言い換えるなら、そうした犯罪者は少数だから考慮に入れなくてもいい、とはならない。

私たちが死刑を存置しているのは、「誰だって死刑にはなりたくないはずであり、したがって死刑によって重大犯罪は抑止されるはずである」という前提があるからだ。しかし、

その前提そのものがなりたたない場合が少なくないのである。

†証明することが難しい死刑の犯罪抑止効果

そもそも死刑は犯罪抑止にどれほど役立っているのだろうか。

私たちの多くは、死刑には犯罪抑止力があると思っている。例としてふたたび、内閣府が五年ごとにおこなっている、死刑制度にかんする世論調査をみてみよう。

二〇一四年の調査では、「死刑がなくなった場合、凶悪な犯罪が増えるという意見と増えないという意見がありますが、あなたはどのようにお考えになりますか」という質問に「増える」と答えた人の割合は五七・七％に上っている。「増えない」と答えた人の割合は一四・三％しかない。二〇〇九年の世論調査では六二・三％だ（「増えない」は九・六％）。二〇〇四年の世論調査でも六〇・三％である（「増えない」は六・〇％）。

つまり、私たちの半分以上の人間は死刑には犯罪抑止力があると考えているのである。

とはいえ、こうした多数派の考えとはうらはらに、死刑に犯罪抑止力があるということはじつは決定的な仕方で証明されているわけではない。死刑に抑止効果が「ある」という実証研究もあれば「ない」という実証研究もある。

たとえば秋葉弘哉『犯罪の経済学』は、死刑には殺人の抑止効果があることを認めているが、他方で、松村良之・竹内一雅「死刑は犯罪を抑止するのか――アーリックの分析の日本への適用の試み」（『ジュリスト』九五九号、一九九〇年七月一日）は、死刑には犯罪抑止効果はないと結論づけている。

なぜ死刑の犯罪抑止効果は決定的な仕方では証明されていないのだろうか。

その理由は簡単で、証明がとても難しいからだ。

犯罪を増加させたり減少させたりする要因にはさまざまなものがある。貧困率や経済格差、教育水準、福祉の充実度、罹病率、検挙率などなど。そうしたさまざまな要因のなかから死刑制度の効果のみを抽出することは理論的に困難だ。本来なら、ほかはまったく同じ社会条件のもとで死刑制度があった場合の犯罪率と、なかった場合の犯罪率を比較できればいいのだが、そのようなことは不可能である。

実際に死刑を廃止した国をみてみても、廃止後に凶悪犯罪の発生件数や発生率がどのように変化したのかは国によって異なっている。

たとえばフランスでは一九八一年に死刑が廃止されたが、その後の三年間（八一～八四年）は殺人の認知件数が増加した（ただしその後は、増減を繰り返している）。反対にカナダでは、一九七六年に死刑が廃止されて以降、人口一〇万人あたりの殺人率は低下しつづけている。

さらにいえば、犯罪抑止力があるからという理由で死刑を擁護するのであれば、その犯罪抑止力は死刑でなければ絶対に発揮できないものであるということを実証する必要があるが、それはきわめて困難な作業となるだろう。死刑以外の厳しい刑罰（たとえば終身刑）でも、死刑と同程度の犯罪抑止力を発揮しうる可能性があるからだ。

図3　殺人の認知件数の推移

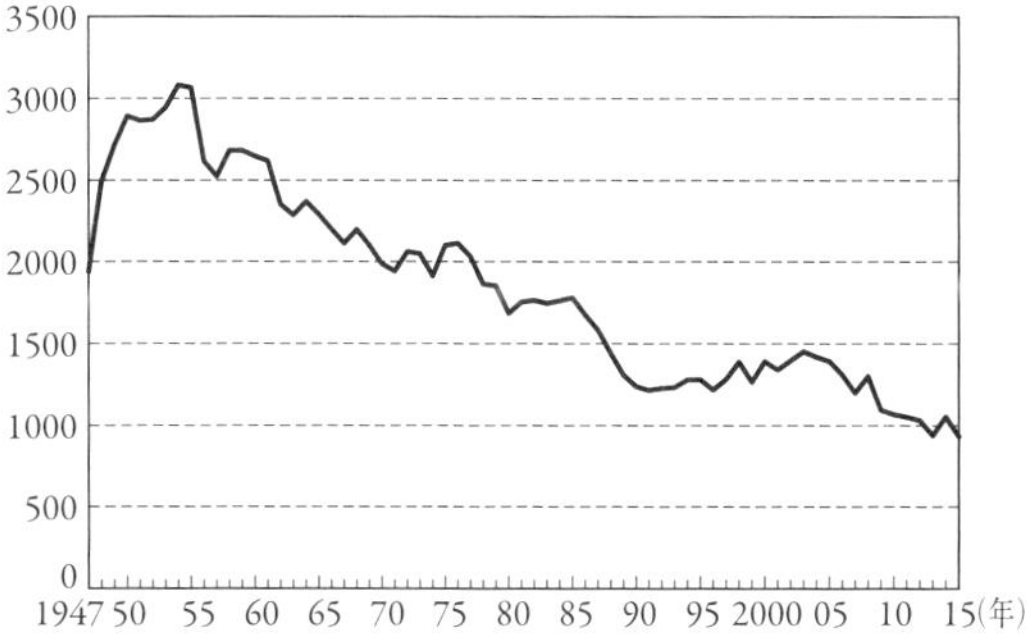

出所：法務書『平成28年度　犯罪白書』より作成

†低下の一途をたどった戦後日本の殺人率

実際、日本のデータをみると、凶悪犯罪は死刑制度の存廃にかかわらず増減しうるということがわかる。

次のデータは、戦後日本における殺人率の変化である（図3・4）。

これをみるとわかるように、一九五五年ごろから日本の殺人認知件数（未遂も含む）は低下の一途をたどっている。人口一〇万人あたりの他殺による死

図４　人口10万人あたりの他殺による死亡率の推移

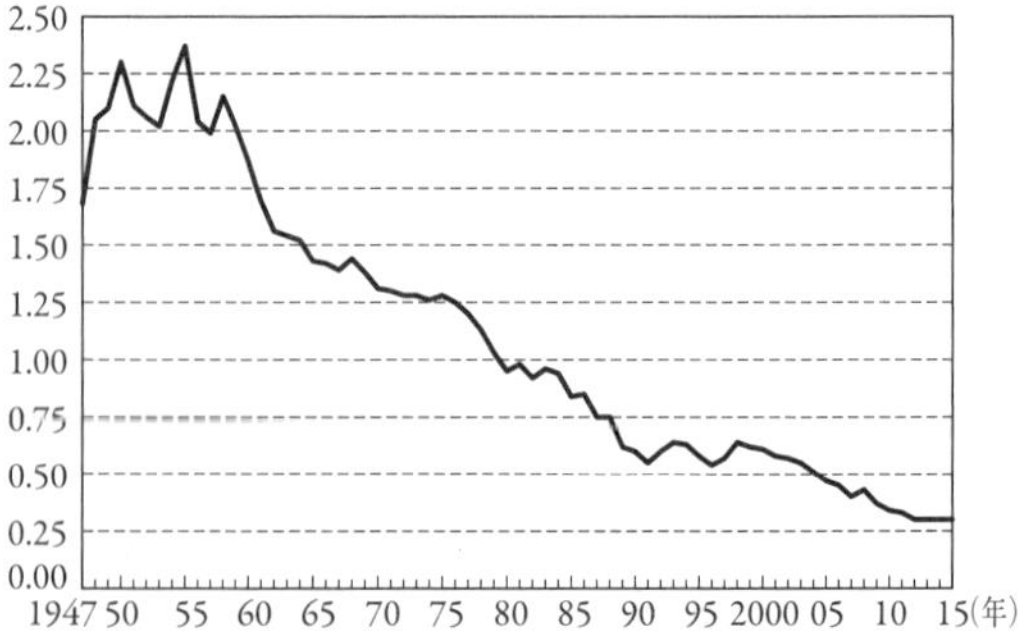

出所：厚生労働省「人口動態統計」より作成。

亡率は一九五五年から五〇年もたたないうちに七分の一程度にまで低下した。その結果、二〇一五年の殺人認知件数（未遂も含む）は戦後最低の数字となった。

　この低下の原因は決して死刑制度の有無にあるのではない。なぜならこのかん日本は死刑制度を存置しつづけてきたからだ。

　死刑判決の基準も大きく変化したわけではない。戦後の日本の刑事司法は、死刑判決をくだすための目安として、「殺害された被害者が三人以上であれば原則的に死刑、二人の場合は計画性や金銭目的の有無などから死刑にするかどうかを判断、一人であれば原則として死刑は適用しない」という基準を定着させてきた。したがって厳罰化が殺人率の低下の原因でもない。

　つまり、日本の事例をみるかぎり、殺人が増えるのか減るのかという問題と、死刑制度があるのかないのか、死刑がどこまで厳しく適用されるのか、という問題は、直接的な関係にはないのだ。

殺人率が大幅に低下したということは、そのかん日本社会には殺人を抑止するような何らかの要因があったということである。しかしその要因は死刑制度とは別のところにある。

†殺人率を低下させる要因とは何か？

では、その要因とはどのようなものだろうか。

それを論究することは本書の目的ではないので詳述はしないが、参考までに記しておくと、戦後の日本において殺人率を低下させた要因としては次のようなことがさまざまな研究によって指摘されている。識字率の上昇、教育水準の向上、罹病率の低下、平均寿命の伸び、貧富の格差の縮小など。

これらを概念的にまとめると、殺人率を低下させる要因には次のような特徴があることがわかる。

（1）より長期的な視点のもとで人びとが行動できるようになること

これは教育水準の向上や識字率の上昇などの要因によってもたらされる傾向である。たとえば、お金を手に入れたいという欲望を満たそうとするとき、お金がありそうな家に強盗に入ってお金を奪うという短期的でリスクの高い行動にでるのか、それともがんばって勉強して、がんばって働いて少しでも多くのお金を稼げるようになるという、長期的ではあるがリスクの少ない行動を選択するのか。後者を選択する人間が増えれば増えるほど殺人率は低下する。

お金を手に入れるにせよ、怒りを解消するにせよ、メンツを保つためにせよ、他人と性行為するにせよ、暴力によって目的を達成することはもっとも直接的でシンプルな方法だ。ただしそれだけリスクも大きく、またその効果も一時的なものとなりやすい（たとえば強姦は他人と性交渉するもっとも直接的で単純な方法だが、その相手と性交渉する機会はけっして継続しない）。

識字率の上昇なども含めた教育水準の向上は、そうした短期的でリスクの高い方法とは違う方法で目的を達成する行動習慣を各人に与える。長期的な視野のもとで自らの行為を組み立てるという習慣は、それをすでに身に付けた人間にとっては当たり前のことのように思えるが、実際にはそれなりの知的かつ規律的な訓育を受けなければ身に付かない習慣だ。

人間はともすれば短期的な方法で欲望の充足をめざしてしまう。それに対して、長期的な視点のもとで行為の結果を予想し、高いリスクを回避するために目の前の欲望を満たすという衝動を抑え、みずからの利益を確保しようとすることは、それ自体ひじょうに知的水準の高い、規律的な活動なのだ。そうした知的・規律的水準の高い行動の可能性を広げることは、暴力を抑制し、殺人を起こりにくくする効果があるのである。

(2) 長期的行動のための社会条件の整備

ただし、そうした長期的な時間の地平のもとで人びとが自分の行為をコントロールすることができるためには、社会的な条件も整っていなくてはならない。

たとえば貧富の格差がかなり強く固定されていて、どんなにがんばって勉強しても(あるいは勉強への意欲がどんなにあってもその機会がなくて)社会的な地位の向上が見込めないような場合には、将来の自分の利益のためにいまの欲望充足を抑えることは難しくなる。つまり人びとは自分の欲望を満たすために短期的でリスクの高い行動にでやすくなる。

逆にいえば、貧富の格差が縮小したり、がんばればもっといい暮らしができるというように社会的地位の上昇可能性が広がったりすることは、暴力を社会的に抑制する有効な方法になりうるのである。

事実、戦後日本におけるジニ係数の推移をみてみると、殺人率が急速に低下した一九五

図５　戦後日本のジニ係数の推移

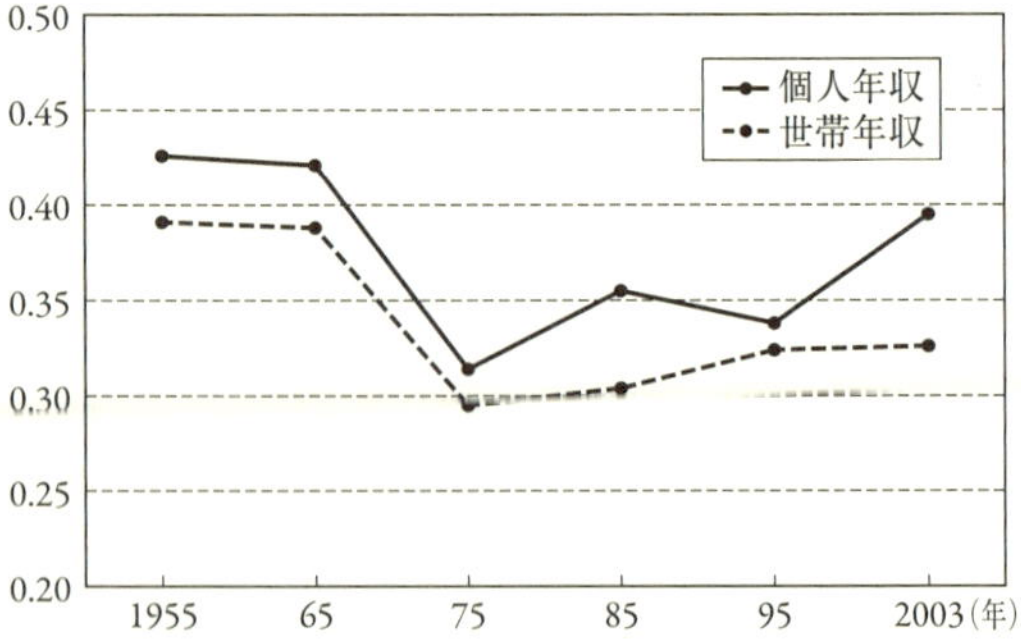

出所：吉田崇「戦後日本の所得分布の趨勢と格差要因の検討」より作成。

五年〜七五年のあいだ、貧富の格差は縮小していく傾向にあった。ジニ係数とは、おもに所得の格差を測定する指標のことであり、一に近づくほどその集団の所得の格差が大きいことを示す（図5）。

戦後の日本社会において、殺人率の低下と貧富の格差の縮小は並行した現象だったのである。ただ、グラフをみると、一九七五年以降はジニ係数が貧富の格差を拡大する方向に変化しているのがわかる。今後、その格差の拡大はさらに進行していくのか、そしてそれがどのように殺人率や犯罪率に影響を与えるのかは、容易には予想できない。

とはいえ、少なくとも戦後しばらくの日本の経験からは、「生まれ」によって人生における社会的地位が固定されてしまう状況を少しでも是正することは、たんに貧富の格差の問題にとどまらず、治安の維持や改善にとっても重要だ、ということが導きだされる。その是正のためには、家庭環境や経済状況によって実質的に教育の機会が不平等になってしまう事態を少しでも低減していくことが必要だろう。

(3) 死亡率そのものの低下

さらに、罹病率の低下や平均寿命の延びなどによって死亡率そのものが低下することも殺人を起こりにくくする。というのも、死亡率が低下するということは、「人が死ににくい社会」になるということだからだ。死へのハードルが高くなるのである。

死ぬ原因が病気であれ、事故であれ、自然災害であれ、簡単に人が死んでしまう社会というのは、それだけ死が身近で、主観的にも命が軽い社会である。死へのハードルが低ければ、当然、他人の命を奪うことのハードルも下がる。自分もいつ死ぬかわからないような刹那的な人生なら、他人の命だって大切にはしなくなるだろう。

近代的な衛生・医療環境が整うまでは、どの社会でも乳幼児の死亡率がとても高かったが、そうした社会では間引きも広くおこなわれていた。日本でもそれは変わらない。

たとえば江戸時代の農村では、繁忙期である夏に生まれた子どもはしばしば間引きされた。母親が乳幼児の世話に手間をとられると、その分、農作業のための労働力が減ってしまうからだ。

病気や食糧事情などの原因によって乳幼児の死亡率がひじょうに高い社会では、同時に、社会の都合によってその命は簡単に処分されてもいたのである。

病気や事故、災害など、あらゆる原因で人は死ぬ。その原因がなんであれ、死亡率が低下するということはそれだけ死へのハードルが高くなるということだ。そのハードルが高くなればなるほど命も大切にあつかわれるようになる。死が身近なものではなくなり、日常から遠のけば、人の命を奪うことの重大性もより高くなるのである。

以上が、殺人率を低下させる諸要因から導きだされる三つの特徴である。

あらためてここで確認したいのは、殺人率を低下させる要因は死刑制度とは基本的に別のところにある、ということだ。戦後の日本において死刑制度が存置されつづけた一方で殺人率はいちじるしく低下したことの意味はもっと真剣に考えられなくてはならない。

†「治安は悪化している」というイメージ

読者のなかには、戦後の日本社会において殺人率が大幅に低下してきたということ自体、信じられないという人もいるかもしれない。多くの人が「治安はどんどん悪化している」

「凶悪事件は増加している」と思い込んでいるからだ。

ただ、それもある意味で仕方のないことかもしれない。凶悪な事件が起きるたびに、マスコミなどでそれがセンセーショナルに報道され、「治安は悪化している」「物騒な世の中になっている」というイメージが振りまかれるからである。

とはいえ、それをマスコミのせいにばかりすることもできない。

というのも、マスコミをつくっている側からすれば、マスコミは多くの視聴者・読者の共感を得るように報道や番組の内容を制作しているにすぎないからである。そうでなければ視聴率や販売部数を稼げないだけである。たとえば多くの視聴者の共感に反するようなテレビ番組を制作しつづければ、その番組は視聴率を獲得することができず、消滅していくしかない。

要するに、マスコミ報道以前に、「治安は悪化している」「物騒な世の中になっている」と感じている多くの人たちの共通感覚がまずは存在するのだ。マスコミはその共通感覚を映す鏡でしかない。

私たちはマスコミによってそうした感覚を刷り込まれているのではない。マスコミとともにそうした感覚を生みだし、強化しているのである。

†なぜ私たちは「凶悪犯罪が増えている」と感じてしまうのか

では、殺人率は実際には戦後一貫して下がりつづけてきたにもかかわらず、私たちが「治安は悪化している」「凶悪犯罪が増えている」といった共通感覚をもってしまうのはなぜだろうか。

それは一言でいえば、私たちがかつてよりも凶悪犯罪に巻き込まれるリスクに敏感になったからである。

かつては現在よりもはるかに殺人率が高かった。ということは、それだけ殺人事件はありふれたものだったということだ。ありふれたものであれば、たとえ殺人事件が起きても——それがよっぽど特異なものでないかぎり——なかなかニュースにはなりにくい。人びともそれほど騒がないだろう。

これに対し、殺人率が低下し、殺人がより非日常的な出来事になれば、これまでなら報道されていなかったような事件もセンセーショナルに報道されるようになる。大きな話題にもなるだろう。殺人率が低下した結果、殺人事件が人びとのより強い注目を集めることになったのである。

これが「治安は悪化している」という感覚の背景要因となる。

と同時にそれは、凶悪事件に対する人びとの「不寛容さ」も高めるだろう。

というのも、殺人が減少し、社会が安全になればなるほど、その安全を守るために殺人に対してより強い拒絶反応が人びとに生じることになるからだ。殺人率が低下しているのに社会に厳罰化の傾向がうまれるのはそのためである。

したがって、「殺人率は低下してきたにもかかわらず、なぜ私たちは殺人事件が増加しているという共通感覚をもってしまうのか」と問うことは正確ではない。そうではなく、殺人率が低下したから「こそ」私たちはそうした共通感覚を抱いてしまう、と考えるべきなのだ。

†殺人率の低下は死刑廃止の論拠になるか？

この点でいえば、「殺人が減っているのに死刑を存置しつづけたり、厳罰化したりするのはおかしい、死刑は廃止すべきだ」という死刑廃止論の主張はあまり有効とは思われない。

なぜならその主張は、多くの人が殺人事件に対してより強い拒絶反応を示すようになった理由をはきちがえてしまっているからである。

たしかに、「殺人事件が増加しているからもっと厳罰化しよう」という素朴な厳罰化論に対しては、殺人率が実際には低下しているという事実を示すことには意味がある。

しかし、厳罰化の意識の背景には〈殺人率の低下によって逆に強まった、凶悪犯罪への拒絶感情〉がある以上、その厳罰化意識や拒絶感情は殺人率の低下という事実を知ったからといって収まるものではない。どんなに殺人が起こる可能性が低くなったとしても、殺人事件に対する拒絶感情は――強まりこそすれ――弱まるわけではないのである。

しばしば「殺人はこんなに減っているんだから、殺人のリスクにそれほど過敏になる必要はない（だから厳罰化する必要はない）」という主張を死刑廃止論者からきくことがある。しかしそれは人びとの拒絶感情を逆なでする主張でしかない。そもそも「殺人事件は減少しているのだから殺人事件にもっと寛容になるべきだ」という発想自体、独善的だということに気づかなくてはならない。

†道徳教育の強化によって殺人が減ったわけではない

戦後日本の殺人率の低下にかんしてもうひとつ気をつけたいことがある。それは、「命の大切さ」を子どもたちに説くような道徳教育の強化によって殺人率が低下したわけではない、ということだ。

命の大切さを説けば殺人事件が減るのなら、こんなに簡単なことはない。

戦後の日本社会において殺人率が低下したのは、決して人びとの道徳意識が高まったからではない。そうではなく、人びとが長期的な視点のもとでみずからの行為をコントロールする傾向が強まったり、人が全体として死ににくくなることで死の重大性がより強くなったりしたからである。

つまり、道徳意識そのものを高めるような、道徳意識よりももっと手前のレベルでの変化があったからこそ、殺人率が低下したのである。道徳意識の高まりがあったとすれば、それは変化の原因ではなく結果なのだ。

私たちは道徳意識に作用するようなさまざまな条件を改善することを考えるべきなのであり、道徳意識を出発点として問題を設定してはならないのである。

たとえば心理学や教育学でもよくいわれることだが、他人を大切にする意識が子どもに育つためには、その子ども自身がまずは周りの人たちから大事にされなくてはならない。自分が大事にされた経験がなければ、他人の存在を大事にするという感覚は育ちようがないのである。自分を大事にしてくれる存在だからこそ、他者という存在も大事になるのである。他人を大事にするという道徳意識はあくまでも自分が大事にされて育ってきたことの結果なのだ。

道徳が重要なのはたしかにそのとおりである。しかしそれは、道徳を出発点とすべきだからではなく、道徳に作用するもろもろの条件について考えなくてはならないからである。

†道徳はそもそも教育できるものか?

これは別のいい方をすれば、道徳を「教育する」ことによっては道徳は教えられない、ということである。

子どもたちに命の大切さを教えなければ犯罪は増加してしまう、と考えてしまう素朴な意見は、その時点で問題をとらえそこなっている。子どもたちが命の大切さを学べば殺人事件が減少するようなら、とっくの昔に殺人事件はなくなっているだろう。

そもそも、子どもに命の大切さを教えなければ凶悪犯罪が増えてしまうような社会になっているのなら、それは完全に大人たちの敗北である。道徳教育によってしか命の大切さを学べないほど、生活のなかでは命の大切さを実感できない社会になっているということを、それは示しているからだ。

本来、大人たちがすべきことは、他者との関係のなかで命の大切さが各人の意識のもとでおのずからはぐくまれるような社会をつくることである。そうした社会であれば、命の大切さをわざわざ教育によって説く必要はない。

治安をよくするために道徳教育の強化に訴えることは、知的にも実践的にも大人たちの退行でしかないのである。

†やはり証明が困難な、死刑の犯罪抑止効果

かなり議論が広がってしまった。本題に戻ろう。

戦後の殺人率の変化をみてわかるのは、死刑制度の存在は殺人件数の減少と直接の関係はないということだ。

もちろん戦後の殺人率の低下は死刑制度が存置されつづけたという前提のもとで生じた現象なので、死刑制度を廃止したときにどうなるかということは明確にはわからない。もし死刑制度を廃止したら殺人事件が有意に増えたということになれば、戦後の殺人率の低下は死刑制度があったうえでさまざまな要因が働いたことでもたらされたもの、と考えることができるだろう。

しかしそれを確認するためには実際に死刑制度を廃止してみなくてはならない。現時点では少なくとも殺人に対する死刑制度の抑止効果は証明できないというほかないのだ。

死刑の犯罪抑止効果をめぐる証明の困難さは、じつは日本政府自身も認めている。

たとえば二〇〇八年の国会記録にはこうある。「死刑の犯罪抑止力を科学的、統計的に証明することは困難である」（平成二〇年二月一二日受領答弁第四九号内閣衆質一六九第四九

号)。

「証明することは困難」ということは、「(少なくともいまのところは)証明されていない」ということである。すなわち政府自身が死刑の犯罪抑止効果は証明されていないと認めているのである。

さらにいえば、一九八九年に国連は死刑の犯罪抑止効果について、死刑が終身刑より大きな犯罪抑止力をもつことを科学的に証明することはできなかった、という研究結果を発表している。また、欧州評議会も一九九八年の大規模調査の結果、死刑が無期刑よりも大きな犯罪抑止効果をもつことは科学的に証明できなかったと報告している。

†死刑の犯罪抑止効果が実証されていないなかで考えるべき問い

死刑の犯罪抑止効果を証明することが困難である以上、私たちは死刑に犯罪抑止効果があるという前提に立って議論を進めることはできない。もちろん犯罪抑止効果がまったくないということも証明されているわけではないので、犯罪抑止効果がないという前提に立って議論を進めることもできない。

したがってここでの問いはこうなる。死刑の犯罪抑止効果があるともないともいえないなかで、死刑が現実に凶悪犯罪を誘発する要因にもなっているという事態をどのように考えたらいいのか。

死刑が凶悪犯罪を誘発する要因にもなっているという点だけを考えるなら、先の議論と同じように、死刑を廃止して終身刑を導入したほうがいいということになるだろう。「凶悪犯罪を起こして社会に復讐し、自分は死刑になろう」なんて考えは通用しないということ、それを制度によって示すのだ。

死刑の犯罪抑止効果が実証されていない以上、少なくともこの点については、死刑肯定派は反論することはできないはずである。もちろん死刑を終身刑に置き換えたときに凶悪犯罪が有意に増加するということが実証できれば話は別だが、それは実際に死刑を終身刑に置き換えてみないとわからない。

どうやら抑止という観点においては死刑を存置しつづける根拠はあまりなさそうである。むしろ終身刑を導入したほうが、宅間がおこなったような犯罪を防げる可能性がある。

†一見強力にみえる反論

とはいえここで次のような反論がありうるかもしれない。

社会での生活よりも刑務所の生活のほうがラクだからという理由で万引きをする人がいても、万引きを処罰するための刑法の規定を廃止しようということにはならない。それと同じように、死刑になりたいからという理由で凶悪事件をおこす人がいるからといって、死刑を廃止すべきとはかならずしもならないのではないか。

たしかに、日々の生活があまりに困窮していて、刑務所にいけば少なくとも衣食住は保障されると考えて万引きなどの軽犯罪をおこなう人間はいるだろう。だからといって万引きを処罰しなくていいとはならない。死刑の場合だってこれと同じではないか。

この反論は一見強力にみえる。

しかしよくみると、この反論は成立していない。というのもこの場合、死刑を廃止するといってもそれは凶悪犯罪を処罰しないということではなく、より犯罪者がいやがるような方法でそれを処罰しようということだからだ。

万引きの例は、「刑務所に入りたくて万引きする人がいるからといって、万引きを処罰しないでいいということにはならない」ということを述べている。これに対し、死刑を廃止して終身刑を導入することは、けっして凶悪犯罪を処罰しないということでもなければ、より優しく処罰しようということでもない。万引きの例でいえば、刑務所に入りたくて万引きする人がいなくなるように処罰の仕方をさらに工夫しよう、ということだ。つまり、犯罪抑止効果が実証されていない死刑に代えて、死刑になるためになされる凶悪犯罪を抑止しうるような処罰を導入する、ということなのである。

†犯罪抑止論の本質とは何か

とはいえ、これで議論は終わりではない。

というのも、死刑の犯罪抑止効果は実証されていなくても、実際には多くの人が「死刑には抑止効果がある」と考えているからだ。

そう考える人びとは何も実証的な根拠があってそう考えているわけではない。むしろ、実証的な根拠がなくてもそう考えているのである。

これは言い換えるなら、人びとは実証的なレベルとは別の――いわば道徳的な――理由で「死刑には抑止効果がある」と考えている、ということだ。すなわち「死刑を廃止すれば、どんなに凶悪なことをしても死ななくてすむということを制度によって保証することになるのではないか。それでは道徳的な歯止めがなくなってしまうのではないか」という理由である。

この「道徳的な歯止め」こそ、じつは死刑犯罪抑止論の本質にほかならない。

したがって、考えるべき問いはこうなる。「凶悪な犯罪をおかせば命によって罪をつぐなわなければならない」という状態（死刑）と、「凶悪な犯罪をおかせば刑務所で死ぬまで罪をつぐないつづけなくてはならない」という状態（終身刑）の、どちらが道徳的な意味で——実証的な意味ではなく——犯罪抑止になるのか。

あらためて注意したいのは、死刑の犯罪抑止効果の証明が難しい以上、この問いは実証的に答えられるようなものではない、ということだ。それはあくまでも道徳的な次元で考えられなくてはならない。凶悪な犯罪に対する「道徳的な歯止め」をどのように考えたらいいか、ということである。

†「最後は命によって罪をつぐなう」という「道徳的な歯止め」

「道徳的な歯止め」という観点からいえば、終身刑よりも死刑のほうに大きな意義があるようにみえる。

なぜなら、死刑制度が主張するのは、命によってしかつぐなえない罪がある、ということだからだ。その死刑制度を廃止すれば、「どんなに凶悪なことをしても死ぬことだけは避けられる」ということを法制度によって認めることにならざるをえない。

死刑廃止に反対する人はここに疑問を感じる。「何人殺しても自分だけは死ななくてすむなんて、許されていいのか——」、こうした道徳意識がそこにはある。

その道徳意識にとって、死刑を廃止することは、「あまりにひどい犯罪をおかせば、最後はみずからの命によって罪をつぐなわなくてはならない」という「道徳的な歯止め」を取り払ってしまうことを意味する。

死刑廃止がどれほど国際的な潮流になっても、死刑廃止への抵抗感がなかなかなくならないのはこのためだ。

あまりにひどい犯罪をおかせば、最後はみずからの命によって罪をつぐなわなくてはならない——。命を盾にした、こうした「道徳的な歯止め」は、多くの人にとってわかりやすいし、納得もしやすい。その納得のしやすさが、死刑がここまで支持される強力な背景の一つになっているのである。

†「死ぬこと以上」のつぐない

ただし、そこにはわかりやすさにありがちな盲点もある。

たとえば池田小学校の事件において、宅間守が児童たちをつぎつぎと殺傷したあと、犯行現場で「その罪をつぐなうために」自決していたとすればどうだろうか。これも死刑と同様に「命によって罪をつぐなったこと」になる。

しかし、多くの人はやりきれない気持ちを抱くにちがいない。「死ぬのなら何をしてもいいのか」「だったらはじめから一人で死ね」という怒りもわいてくるだろうし、また「命で罪をつぐなうという点は同じだとしても、やはり自決するのではなく、裁判を受けて処罰されたうえで罪をつぐなうべきだ」という考えも頭をよぎるだろう。

要するに、私たちは「命によってしかつぐなえない罪がある」と考える一方で、「命によってつぐなうならば何をしてもいい、というわけではない」とも考えているのである。罪をつぐなうためには「死ぬ」ということだけでは不十分なのだ。

もし宅間が犯行現場で「罪をつぐなうために」自決していたとしたら、多くの人は「それですむ話なのか」といきどおるにちがいない。私たちは、「凶悪犯罪をなしたものは命によって罪をつぐなうべきだ」と考えながらも、実際には「死ぬこと以上」のつぐないを求めているのである。

では、その「死ぬこと以上のつぐない」とは何だろうか。

いまの仮定で考えよう。

もし宅間が何人もの児童を殺傷しておいて、その場で「罪をつぐなうために」自決していたら、私たちは「はじめから一人で死ね」と怒りを抱くと同時に、やりきれない無力感や敗北感も抱くはずだ。そのやりきれなさとは何だろうか。それは、何の罪もない児童をつぎつぎと殺傷した凶悪犯を私たち自身の手で処罰できなかったという無力感であり、さらには「死ぬのなら何をしてもいい」ということを許してしまったという無念の気持ちである。

要するに、「死ぬこと以上のつぐない」とは「ちゃんと罰せられて、社会的に悪の烙印を押されたうえで死ぬ」ということにほかならない。

†処罰することがもつ独特の意味

ここにあるのは、処罰するということがもつ独特の意味だ。

私たちは「死ぬことによってしかつぐなえない罪がある」と考える。しかし同時に「だからといってただ死ねばいいというわけではない」とも考える。つまり「ちゃんと処罰されたうえで死ぬべきだ」と。

死んで罪をつぐなうべきだとしても、それはあくまでも処罰されることをつうじて、なのだ。「死んで罪をつぐなうべき」という道徳観念には「処罰されるべき」という観念がつねにともなっているのである。

逆にいえば、私たちはひどい犯罪をなした人間を処罰しなくては気がすまないのである。たんに「死んで罪をつぐなうべき」という点からいえば、犯行現場で「罪をつぐなうために」自決しても、裁判の結果死刑に処されても、「凶悪犯が罪をつぐなって死ぬ」ということには変わりがない。しかし、私たちの道徳意識にとっては、両者は決して等価ではない。罪をつぐなうために「ただ死ぬ」のか、それとも「処罰されて死ぬ」のかは、意味がまったく違ってくるのである。

なぜだろうか。

その理由は、「死ぬことによってしかつぐなえない罪がある」という道徳命題そのもののなかにある。その道徳命題は不可避的に「死ぬのなら何をしてもいいのか」という反論を招いてしまうからだ。その反論を不可避的に招いてしまうという点で、それはひじょうに不安定な道徳命題なのである。

その不安定さを払拭するためには、何らかの仕方で「死ぬのなら何をしてもいい、というわけではない」ということを証明しなくてはならない。

その証明のために要請されるのが、処罰するという行為にほかならない。処罰するという行為は、たんに「死ぬこと」以上の意味を「命によるつぐない」に付与する。それによって「死ぬのなら何をしてもいいというわけではない」「死ねばすべてが許されるというわけではない」ということを証明しようとするのである。

この点で、処罰するという行為には、「こんなひどいことをして許されると思っているのか」ということを思い知らせるという要素がかならず含まれる。当の犯罪者に思い知らせるだけではない。社会全体に対しても思い知らせるのである。

それによってはじめて「死ぬのなら何をしてもいいというわけではない」ということが

証明される。私たちが凶悪犯罪者に対して強い処罰感情を抱くのは、その処罰によって道徳を証明する必要があるからなのだ。

†道徳の根源へ

結局、明らかになるのは、ここでも死刑は「死ぬつもりなら何をしてもいい」という限界に直面しているということである。

死刑は、命によってしかつぐなえない罪がある、ということを主張する。しかし、その「命によってしかつぐなえない罪がある」という「道徳的な歯止め」も、「死ぬつもりなら何をしてもいいだろう」という考え（のもとでなされる凶悪犯罪）のまえでは力をもたない。「犯罪者を司法によって罰したうえで死刑に処さなくてはならない」という「処罰への意志」は、そうした限界を何とかして取り払おうとするための、せめてもの抵抗である。

とはいえ、そうした抵抗がなされること自体、「命によってしかつぐなえない罪がある」という「道徳的な歯止め」はつねに「死ぬつもりなら何をしたっていいだろう」という挑戦にさらされていることを示している。その挑戦を退けるためには、「死ねばすべてを終わりにできると思ったら大間違いだ」「死ぬまでずっと刑務所で罪をつぐないつづけなくてはならない」という、終身刑の「道徳的な歯止め」が必要となる。

はたして、凶悪犯罪に対する「道徳的な歯止め」としてどちらがより望ましいのか。それを見極めるためには、そもそも何が道徳的なのか、という問題にまでさかのぼって死刑を考えなくてはならないだろう。

私たちは何を道徳的だと思うのか。そもそも道徳とは何なのか。

死刑の是非を考えるには、道徳の根源に迫ることがどうしても必要となるのである。

第3章

道徳の根源へ

1 「人を殺してはいけない」という道徳をめぐって

†究極的で根本的な道徳としての「人を殺してはいけない」

私たちの生きる社会にはさまざまな道徳がある。「ウソをついてはならない」「列に割り込んではならない」「他人のものを盗んではならない」「困っている人を助けなくてはならない」など。

そうした数ある道徳のなかでももっとも究極的で根本的な道徳とは何だろうか。多くの人は「人を殺してはいけない」という道徳だと答えるだろう。

実際、「人を殺してはいけない」という道徳はあらゆる社会にみいだされるものだ。そうでなければ社会そのものがなりたたない。また、「ウソをついてはならない」「ものを盗んではならない」といった道徳よりもはるかに多くの人によって守られている。

もちろん、殺人事件はつねに世界のいたるところで起こっている以上、「人を殺してはいけない」という道徳は人びとによって完璧に守られているわけではない。

それでも、殺人事件が起きれば、多くの人は「よくないことが起こった」と反射的に感じ、大騒ぎになる。その程度には「人を殺してはいけない」という道徳は人びとのあいだに確固たるものとして根付いているのである。

†人を殺すことが正しいとされるときもある

しかしその一方で「人を殺すことは正しい」とされる場合もある。

戦争が国民の多くに支持されるときなどはその典型だ。特殊な事例ではあるが、安楽死が肯定されるときもそうしたケースに当たるだろう。

処罰のために他人の命を奪う死刑もまたそうしたケースの一つである。

内閣府が死刑制度について五年ごとに世論調査をしていることはすでに述べた。二〇一四年の世論調査では「死刑もやむを得ない」と答えた人の割合は八〇・三%である。二〇〇九年の世論調査では死刑容認派の割合が八五・六%にまで上った。これは内閣府が一九五六年に死刑制度に関する世論調査を始めて以来、最高の数字だった（当初は五年ごとの調査ではなかった）。

ただし、二〇〇九年の世論調査では、死刑制度の是非についての質問の仕方が二〇一四年とは少し異なっている。

二〇一四年の世論調査では、「死刑制度に関して、このような意見がありますが、あなたはどちらの意見に賛成ですか」という質問に対して、「死刑は廃止すべきである」「死刑もやむを得ない」「わからない・一概に言えない」のなかから一つ選ぶかたちになっている。

これに対して、二〇〇九年の世論調査では、「死刑制度に関して、このような意見がありますが、あなたはどちらの意見に賛成ですか」という質問に対して、「どんな場合でも死刑は廃止すべきである」「場合によっては死刑もやむを得ない」「わからない・一概に言えない」のなかから一つ選ぶかたちだった。

つまり、質問に対して選ぶ回答の文章が両者で少し異なっているのである。

なぜ選択回答の文章が変わったのかというと、二〇〇九年の世論調査の回答文章に対しては「誘導的ではないか?」という批判がなされていたからである。すなわち、「どんな場合でも死刑は廃止すべきである」と「場合によっては死刑もやむを得ない」という二つの回答は非対称的で、「場合によっては死刑もやむを得ない」のほうをより選びやすくなっているのではないか、という批判だ。その批判を受けて、二〇一四年の世論調査ではよりニュートラルな選択回答の文章に替えられたのである。

とはいえ、それでも二〇一四年の世論調査では八〇・三%の人が「死刑もやむを得ない」と答えている。その数字は圧倒的だ。そこで示されているのは、国民の圧倒的多数が死刑制度を――消極的にかもしれないが――支持しているという現実だ。
これは言い換えるなら、国民の圧倒的多数は、凶悪犯罪をなした人間に対しては「処罰のために命を奪うこともやむをえない」と考えている、ということである。つまり、国民の八割は「場合によっては人を殺すこともやむをえない」と考えているということである。

†死刑は殺人か？

たとえ処罰のためとはいえ、命を奪うことは人を殺すこと、すなわち殺人である。死刑も、そこで人の命が他者の手によって奪われる以上、殺人の一つである。

読者のなかには「死刑は殺人ではない」と考える人もいるかもしれない。

たしかに死刑はほかの殺人とは大きく異なっている。なぜならそれは法にもとづいて合法的になされるものだからだ。他のあらゆる殺人が違法とされるなか、死刑だけは合法である。

とはいえ、たとえ合法的なものであれ、そこで人の命が他者によって強制的に奪われることには変わりがない。合法だから殺人ではなくなるというわけではないのだ。

同じことは、「死刑は〈凶悪犯の処罰〉という正しい理由があるから殺人ではない」という主張にも当てはまる。たとえどれほど正しい理由があろうとも、そこで人の命が強制的に奪われることには変わりがない。正しいから殺人ではない、ということにはならないのだ。

私たちは違法な犯罪としての殺人だけを「殺人」と呼ぶことに慣れている。逆にいえば、「殺人」というと「違法で、悪い殺人」を指すことに慣れている。「違法で、悪い殺人」だけを「殺人」と呼んで、「合法で、正しい（と思われる）殺人」を「殺人」のカテゴリーから無意識的に排除しているのだ。だから「死刑も殺人の一つである」といわれると驚いてしまうのである。

しばしば「死刑は殺人か？」という問いがだされることがある。

しかしこれも「悪い殺人だけを殺人と呼ぶ」という同じ前提にたっている。「死刑は殺人か？」と問う人はなにも「死刑は人の命を奪うものか」ということを問いたいわけではないだろう。死刑が人の命を奪う行為であることは明らかだからだ。「死刑は殺人か？」という問いにおいて人は「死刑は非難されるべき殺人か」ということを問いたいのである。

要するに、殺人という言葉には「人の命を不当に奪う違法な行為」というネガティブな意味と、「人の命を他者が奪う行為」という事実的でニュートラル（中立的）な意味の二つがありうるのだ。その後者の事実的・中立的な意味でいえば、死刑もやはり殺人の一つなのである。

†死刑容認と「人を殺してはいけない」という道徳との関係

したがってここには、死刑を殺人だと述べることで死刑を批判しようという意図はまったくない。たんに次の点を確認したいだけである。すなわち、「死刑は人の命を強制的に奪う行為の一つであり、その行為をたとえ消極的にではあっても国民の八〇・三％が肯定している」という点だ。

ここで考えたいのは、その八〇・三％という数字と「人を殺してはいけない」という道徳との関係である。

死刑を容認するということは、「凶悪犯を処罰するというかぎられた場合には人を殺すこともやむをえない」と認めることだ。すなわち、時と場合によっては殺人を認めるということである。

言い換えるならそれは「人を殺してはいけない」という道徳に例外を設けるということにほかならない。死刑を容認する八〇・三％の人たちにとっては、「人を殺してはいけない」という道徳はどんな場合であれ絶対的に守られるべき道徳ではないのである。

もちろんここでは「人を殺してはいけないからこそ、殺人をおかした人はみずからの命によってその罪をつぐなわなくてはならない」というかたちで死刑容認派の主張に一貫性をあたえることはできるだろう。

とはいえ重要なのは、一貫性があるかどうか、ということではない（したがって矛盾があるかどうか、ということでもない）。一見すると絶対的なものにみえる「人を殺してはいけない」という道徳が、じつは多くの人にとってはそれほど絶対的なものではない、ということが重要なのである。

†安楽死と「人を殺してはいけない」という道徳

「人を殺してはいけない」という道徳の例外はほかにもある。たとえば安楽死だ。治る見込みのない患者ができるだけ苦痛を感じなくてすむように、医師が薬物の注入などによって患者を死に至らしめること。これが安楽死の意味するところである。

たとえばがん細胞が全身に転移すると、そのがん細胞が神経を圧迫して、患者は激痛に苦しむことになる。そのとき、がん治療をやめ、患者が肺炎などになっても抗生物質を投与せずに延命治療を中止すれば、それは消極的安楽死（または尊厳死）になる。また、苦痛の緩和を最優先したいという患者の意思を尊重して医師が致死量の投薬をおこなえば、それは積極的安楽死になる。

とりわけ後者の積極的安楽死においては医師の投薬によって患者が死ぬのだから、現象だけをみれば安楽死も殺人（＝他人を死に至らしめること）の一つにほかならない。だからこそ、現在（二〇一七年八月時点）でもなお日本には安楽死を認める法律は制定されていないのである。

とはいえ、その積極的安楽死に対して、現在ますます多くの人たちが賛成するようになっている。

たとえば二〇一四年一〇月にＮＨＫが全国の一六歳以上を対象におこなった「生命倫理に関する意識」調査では、安楽死について「認められる」が四二％、「どちらかといえば、認められる」が三一％で、合わせて七三％だった（ちなみに、助かる見込みのない患者に対して延命治療をやめる「尊厳死」については、「認められる」が五九％で、「どちらかといえば、認められる」が二五％で、合わせて八四％だった）。

つまり、治る見込みがない、大きな苦痛がある、本人や家族の同意がある、といった、かぎられた場合には例外的に医師が患者の命を奪うことも認められる、と多くの人は考えているのだ。

もちろん安楽死についても、死刑と同様、賛成する人もいれば反対する人もいる。

しかし、少なくとも安楽死（積極的安楽死）に賛成する人にとっては、「人を殺してはいけない」という道徳はいかなる場合でも墨守されるべき絶対的なものではない。それは「本人の同意のもとで末期患者の苦痛を和らげる」というかぎられた場合には例外が認められるべき道徳なのである。

†人工妊娠中絶と「人を殺してはいけない」という道徳

人工妊娠中絶についても同じことがいえるだろう。

人工妊娠中絶の是非が大統領選挙の争点にまでなるアメリカと比べると、日本に住む私たちは人工妊娠中絶にひじょうに寛容だ。

しかし、反対派にいわせれば人工妊娠中絶はれっきとした殺人である。それを広く伝えるために、インターネット上でも人工妊娠中絶の様子をうつした多くの動画や画像がアップされている。

これに対し、人工妊娠中絶の賛成派は「胎児は母体のなかでしか生きられないのだからその命はまだ母体のものである」と母体の選択を重視する。アメリカで中絶賛成派が「プロ・チョイス」派といわれるのはそのためだ。

たとえば日本の母体保護法（一九九六年制定）は人工妊娠中絶を認めているが、そこでは人工妊娠中絶ができる時期を「胎児が、母体外において、生命を保続することができない時期」と定めている。その具体的な時期は、現在、厚労省事務次官通達などによって妊娠二二週未満となっている。つまり、妊娠二二週未満であれば、胎児は母体のなかでしか生きられないのだから、その命を絶つ権利は母体にある、ということだ。

とはいえ、現代では医療の発達によって胎児は二二週未満で母体からだされても生きられることが十分あるという。つまり、日本では、実際には胎児が母体外において生命を保続することができる時期でも人工妊娠中絶が認められている、ということである。

したがって、たとえ法律によって人工妊娠中絶が認められているとしても、やはりそれは独自の生命をもった人間を殺すということになりうるのではないだろうか。

母体外でも生命を保てる胎児を中絶することは殺人ではないか——、少なくとも人工妊娠中絶に懐疑的な人はそう思うはずだ。

しかし日本ではそれが法律の運用によって認められている。そこでは母体保護法という法律の運用において、事実上「母体を保護するために（たとえ胎児が母体外で生命を維持できたとしても）妊娠二二週未満というかぎられた条件のもとでなら、胎児を殺してもよい」というかたちで、「人を殺してはいけない」という道徳に例外が設けられているのである。

念のために断っておくと、私はこう指摘することで人工妊娠中絶に反対したいわけではない。人工妊娠中絶の是非を議論することがここでの目的ではない。そうではなく、日本では法律の運用をつうじて「人を殺してはいけない」という道徳に例外が設けられており、多くの人もそれを受け入れている、ということを確認したいのである。

法律のレベルにおいてさえ、「人を殺してはいけない」という道徳はどんな場合でも守られるべき絶対的なものではないのだ。この点は死刑制度でも同じである。

†道徳は絶対的なものなのか、相対的なものなのか?

そうである以上、道徳ははたして絶対的で普遍的だといえるものなのだろうか。

「人を殺してはいけない」という道徳は、道徳のなかでももっとも広く支持され、かつ強固に信じられている道徳であった。それはもっとも究極的で根本的な道徳だといってもいいだろう。

その道徳にかんして、実際には大多数の人が「場合によっては人を殺すこともやむをえない」と考え、そこに例外があることを認めているのである。

例外があるということは、すなわちその道徳は時と場合によって左右される相対的なものにすぎない、ということだ。言い換えるなら、道徳は特定の条件のもとでのみ妥当しうる、条件的なものである、ということである。この場合、相対的なものであるということと条件的なものであるということは、ほぼ同義である。

そうである以上、それは道徳そのものが相対的なもの・条件的なものであることを意味するのではないか。道徳のなかでもっとも究極的で根本的な道徳が相対的なものでしかないのだとしたら、それは道徳そのものが相対的だということを帰結するのではないか。はたして道徳とは絶対的で普遍的なものなのか、それとも時と場合によって左右される相対的なものにすぎないのか。

ひじょうに大きな問いが私たちのまえに屹立している。

†道徳について理論的に考える必要性

もちろんこの問いに対しては、「どんな場合であっても人を殺してはならない（だから道徳は普遍的なものである）」と考える人もいるにはいるだろう。

しかし、死刑制度に対してでさえすでに八〇・三％の人が（消極的にかもしれないが）支持をしており、さらに死刑制度に反対していても人工妊娠中絶や安楽死には賛成する人まで含めれば（そのような人も決して少なくないだろう）、大多数の人が事実上「時と場合によっては人を殺すこともやむをえない」と考えているのである。

その事実を否定することはできない。その事実をまえに、「本来はいかなる場合でも人を殺してはならないのであって、多くの人は道徳を徹底できていないだけである」と強弁してもはじまらないのである。

やはりここは道徳について理論的に考察する必要があるのだ。

†「なぜ人を殺してはいけないのか」という問い

あらためて「人を殺してはいけない」という道徳を考えてみよう。この道徳の根拠はどこにあるか、と。

もし「人を殺してはいけない」という道徳が絶対的なものであるとするなら、そこには究極的な根拠があるはずである。

たとえば子どもや若者から「なぜ人を殺してはいけないのか」ときかれたら、私たちはどのように答えるべきだろうか。「なぜ人を殺してはいけないのか」という問いは素朴であるがゆえに、そこにはごまかしのきかない本質的な答えが求められる。

一九九七年に神戸で当時一四歳の中学生が複数の小学生を殺傷したとして逮捕された事件（いわゆる酒鬼薔薇事件）が社会を震撼させていたころ、あるテレビの討論番組でスタジオにきていた十代の少年が「なぜ人を殺してはいけないのか」という質問を出演者の大人たちに投げかけたことがあった。そのときに出演者の大人たち全員が答えに窮してしまったことで、この「なぜ人を殺してはいけないのか」という問いは、マスコミや論壇、そして思想界でも議論の的になったことがある。

私も大学の哲学の講義で同様の問いを何度か学生に投げかけてみたことがある。学生たちはそのつど真剣に問いに答えてくれて、なかにはこちらが感心してしまうような、文章力や説得力のある答えを返してくる学生もいた。

†いくつかのパターンに限定されてしまう答え

ただ、表現の巧みさや説得力の水準はさまざまだとしても、「なぜ人を殺してはいけないのか」という問いに対して考えうる答えというのは、どうしてもいくつかのパターンに限定されてしまう。

①「かわいそうだから」
②「悲しむ人がいるから」
③「自分がされたくないことを他人にしてはならないから」
④「誰も他人の命を奪う権利をもっていないから」
⑤「秩序を守り、社会を存続させるため（殺人を許したら秩序が崩壊し、社会がなりた

たなくなってしまうから)」

⑥「同種の個体を殺すのは人間だけだから」

以上のようなパターンである。

たとえば「自分が殺される立場になってみろ」と答えることは、③の「自分がされたくないことを他人にしてはならないから」という答えの別バージョンである。「誰であれ、生まれた以上はその生をまっとうする権利がある」というのは、④の「誰も他人の命を奪う権利をもっていないから」という答えの言い換えにすぎない。

かつてある哲学研究者が「人を殺すことは魂を消去することだ(だから人を殺してはならない)」と、さも深遠なことをいっているかのように答えていたことがあった。しかし、これは「人を殺すこと」を「魂を消去すること」と言い換えているだけで、そもそも「なぜ人を殺してはいけないのか」という問いの答えにすらなっていない(「魂を消去することとは要するに「人を殺すこと」の言い換えでしかない以上、「人を殺してはいけないのは、魂を消去することだから」と答えることは、「人を殺してはいけないのは、人を殺すことだから」という同語反復(トートロジー)をさも深遠そうに述べているにすぎない)。

ほかにもさまざまな表現によって「なぜ人を殺してはいけないのか」という問いに対す

る答えを考えることはできるが、内容的にはどれもこれらの答えの変形になってしまうのである。

†確実な答えははたしてあるのか

問題は、これらの典型的な答えがすべて「なぜ人を殺してはいけないのか」という問いへの究極的な答えというにはほど遠い、ということである。

言い換えるなら、これらの答えはすべて簡単に反論されてしまう。

まずは⑥の「同種の個体を殺すのは人間だけだから」という答えをみてみよう。

これはそもそも事実に反している。しばしば⑥のような論拠で、殺人や戦争の絶えない人類社会を批判したり憂えたりする論者がいるが、それはもっともらしいようにみえて、ただみずからの無知をさらけだしているにすぎない。

ゴリラやトラの子殺しのように同種の個体を殺す行動は人間以外の生物でも決してめずらしくない。ライオンのオスは縄張りやメスをめぐって別のオスと力ずくで争い、相手を死に至らしめることがある。またチンパンジーは集団で別のチンパンジーの集団や個体を襲撃することもあり、人類だけが戦争をするという点さえあやしい。

つぎに、⑤の「秩序を守り、社会を存続させるため（殺人を許したら秩序が崩壊し、社会がなりたたなくなってしまうから）」という答えをみてみよう。

これに対しては、ただちに「秩序を守り、社会を存続させるためだったら、人を殺してもいいのか」という反論がだされるだろう。まさに死刑制度がこれにあたる。死刑とは「秩序を守り、社会を存続させるために、凶悪犯を処刑する」ということにほかならないからだ。

この点でいうと、⑤はむしろ死刑制度を正当化するためにもちだされるべき答えであり、つまりは「人を殺してはいけない」という道徳に例外があることの根拠としてもちだされるべき答えである。「なぜ人を殺してはいけないのか」という問いに対する答えとしてはまったく適切ではない。

では、④の「誰も他人の命を奪う権利をもっていないから」という答えはどうだろうか。

この答えはよくみると「人を殺してはいけない」という命題を別の表現で言い換えているにすぎない。「他人の命を奪う」とは「人を殺す」ということであり、また「権利をもっていない」という言い方も「してはいけない」という表現の言い換えでしかない。

要するに「誰も他人の命を奪う権利をもっていないから」という言明は「誰もが人を殺してはいけないから」という言明の言い換えにすぎず、その言明を「なぜ人を殺してはいけないのか」という問いの答えとしてもってくることは論理的にできない。それは「人を殺してはいけないのは、誰もが人を殺してはいけないから」と同語反復で答えることにしかならないのである。

③の「自分がされたくないことを他人にしてはならないから」という答えに対しては、すぐに「自分も殺されていいと思っている人は他人を殺してもいいのか？」という反論がだされるだろう。

すでにみたように、「死刑になるために人を殺した」という動機の殺人事件は決して少なくない。実際の事件によってこの答えは反論されてしまっているのだ。

たしかに多くの人は「他人に殺されたくない」と思っているから、そのかぎりでこの答えは説得力をもつだろう。しかし、現実には「死刑になるための殺人」が起こっている以上、この答えは「すべての人が自分は殺されたくないと思っているはずだ」という思いこみを根拠なく一般化したものでしかない。

②の「悲しむ人がいるから」という答えに対してもただちに反論がなされるだろう。「身寄りがまったくなくて、悲しむ人がいなければ人を殺してもいいのか」と。あるいは「みんなから本当に嫌われていて、誰も悲しまないのなら殺してもいいのか」と。

①の「かわいそうだから」という答えも同じである。「相手が憎くて、かわいそうだと思わないのなら殺してもいいのか」という反論がすぐにやってくる。実際、相手が憎くて

殺人をおかす人は、その相手のことをかわいそうだとは思っていないだろう。

断っておくが、私はなにも屁理屈をこねまわすことで読者を困惑させたり挑発したりしたいわけではない。そうではなく、「なぜ人を殺してはいけないのか」という問いには、一般に思われているほど明白で確実な答えがあるわけではない、ということを理解してもらいたいのである。

先にあげたどの答えも、反論を招いてしまったり、同語反復に陥ってしまったりする。その反論にさらに反論しようとしても同じことだ。その反論もさらなる反論を招き、無限の背進がなされるだけである。

たとえば、「悲しむ人がいるから」という答えに対し「悲しむ人がいなければ殺してもいいのか」という反論がなされたとしよう。その反論に対して「悲しむ人がいなくても、自分がされたくないようなことは他人にしてはならない」と再反論しても、それは「自分は殺されてもいいという人は殺してもいいのか」というさらなる反論を招くだけである。

†「人を殺してはいけない」という道徳に絶対的な根拠はあるか

以上のことは、「人を殺してはいけない」という道徳に確実で絶対的な根拠はないということを意味している。

「なぜ人を殺してはいけないのか」という問いに答えるということは、言い換えるなら「人を殺してはいけない」という道徳の根拠を示すということだ。それが不可能だということは、すなわち「人を殺してはいけない」という道徳を正当化する絶対的な根拠はない、ということを意味する。

そうした正当性の根拠を探そうと思っても、それはかならず何らかの反論を招いてしまうし、またその反論をかわそうとすれば、どこかで正当化の作業を恣意的に打ち切らなくてはならない。

たとえば「悲しむ人がいるから」という答えに対して「悲しむ人がいなければ殺してもいいのか」と反論されたとしよう。それに対して、「たとえ悲しむ人がいなくても人の命を奪うことは絶対に許されない」などと言い立てて、それ以上の反論を寄せつけないようにする。これが正当化の作業の恣意的な打ち切りである。

正当化作業のそうした恣意的打ち切りでもしないかぎり、反論を退けることは決してできない。とはいえ、そうした恣意的打ち切りは道徳の根拠を説明することとは正反対の行為である。たとえ反論を退けたとしても、それは「人を殺してはいけない」という道徳の根拠を示したことにはならないのだ。

そうであるからこそ、私たちは死刑を支持したり安楽死や人工妊娠中絶を支持したりして「時と場合によっては人の命を奪うこともやむをえない」と考えるのである。

もし「人を殺してはいけない」という道徳に、それを正当化する絶対的な根拠があるのであれば、どんな場合であれ人の命を奪うことを認めることはできなくなるだろう。

逆にいえば、私たちが「時と場合によっては人を殺すのもやむをえない」と考えてしまうという事実は、「人を殺してはいけない」という道徳に絶対的な根拠はないということによって理論的に裏づけられているのである。

私たちは決してご都合主義的に「場合によっては人を殺すこともやむをえない」と考えているわけではないのだ。「人を殺してはいけない」という道徳に絶対的な根拠がないからこそ、私たちは時と場合によっては「人を殺すことも許される」と考えるのである。

「人を殺してはいけない」という道徳に絶対的な根拠はないということと、その道徳に私たちが例外を設けているということ、すなわち死刑や安楽死を認めているということは、すべてセットなのである。

このことは「人を殺してはいけない」という道徳だけでなく、原理的にはあらゆる道徳に当てはまる。

つまり道徳そのものが、それを正当化する絶対的な根拠をもたないのだ。「人を殺してはいけない」という道徳はあらゆる道徳のなかでももっとも広く人類社会にみいだされる根本的な道徳であった。だからこそ私たちは「人を殺してはいけない」という道徳をつうじて道徳そのものについて考えてきたのである。

†ことばの本性と道徳

読者のなかには、こうした指摘に対して「けしからん」と思う人もいるかもしれない。道徳は絶対的なものであり、それを正当化する究極的な根拠はあるはずだ、と。

しかし、以上の指摘は、私がむりやり議論を誘導してそうなっているのではなく、ことばそのものの本性から導きだされることである。

ことばというのは、かつてプラトンやアリストテレスの時代にギリシア語で「ロゴス」(=ものごとのなりたち)と呼ばれたように、ものごとの関係や過程を記述することにはじょうに向いている。たとえば「大雨が降ったので川が増水した」とか「窒素肥料を活用することで食糧生産が伸びた」とか「太郎と花子は同じ両親から生まれた兄妹である」といったように、である。

こうしたことばの特徴が形式化されて、のちに論理学（ロジック）と呼ばれる学問が成立した。ちなみに現代では論理学というと、ことばをつかって数学のようなことをする学問だと思われているが、もともとはヘーゲルの『論理学』という著作が示しているように、世界をなりたたせているロジックをことばの構造をもとに解明する学問であった。

これに対して、ことばは「よい・わるい」という価値判断を厳密に論拠づけることには向いていない。「……すべき」だとか「……してはならない」といった道徳命題を無前提に根拠づけられるようにはできていないのである。

だからこそ、科学の世界に比べて道徳の世界においてはほとんど議論に決着がつかないのである。人類が歴史のなかで科学的認識を深めてきた一方で、道徳については古代から同じような議論をくりかえしてきたのは、ことばの性質がそもそものようなものであるからにほかならない。

†ことばの本性と「なぜ人を殺してはいけないのか」という問い

「なぜ人を殺してはいけないのか」という問いに対して確実な答えがないのも、けっきょくはこうしたことばの本性にもとづく。

もちろんこの問いに対しては、「人を殺したら悲しむ人がいる」とか「現行の制度では、人を殺したら逮捕されて、重罰に処されることになる」などと述べることはできる。

しかしこれらの言明はよくみると道徳的な価値判断を述べているのではなく、事実的な関係を述べているにすぎない。「人を殺す→悲しむ人がいる」、「人を殺す→重罰に処される」という因果関係だ。「いい・わるい」ということは一言も述べられていない。「(人を殺したら悲しむ人がいるから)人を殺してはいけない」ということまでは述べられていないのである。

もし「……してはならない」ということまで踏み込んで論証しようとすれば(つまり「人を殺したら悲しむ人がいる、だから人を殺してはいけない」ということまで論証しようとすれば)、先にみたような反論を招いてしまうだけだ。

ことばは「人を殺したらどうなるか(たとえば悲しむ人がいる、重罰に処される)」ということを因果関係の観点から記述することには向いている。しかしその本性上、「人を殺してはいけない」という道徳を正当化する根拠を究極的に示すような力はそもそももっていないのである。

そうである以上、やはり道徳は時と場合によって左右される相対的なものだと考えるべきなのである。

2　カントの定言命法について

✝道徳を絶対的で普遍的なものだと考えたカント

しかし、哲学の歴史のなかにはこうした見方に否を唱える人もいた。ドイツの哲学者、イマヌエル・カントである。

カントは、道徳は相対的なものではなく、絶対的で普遍的なものである、と考えたのである。

カントによれば、道徳とはどんなときにでも守られるべき絶対的なものであり、「場合によっては人を殺すこともやむをえない」というように、時と場合によってその判断が左右されることがあってはならないものである。

では、カントはなぜ道徳を絶対的で普遍的なものだと考えたのだろうか。道徳にはそれを正当化する究極的な根拠があると考えたからだろうか。

そうではない。

カントもまた、そうした根拠をことばによって示すことはできないことを認めていた。

しかし、だからといってそこからただちに道徳が相対的なものだということにはならない。逆に、道徳には根拠がないからこそ、道徳は絶対的で普遍的なものだといえるのではないか。

こうカントは考えたのである。

†カントの定言命法と仮言命法

どういうことだろうか。

根拠がないからこそ道徳は絶対的なものである、というカントの考えは一見するとわかりにくい。ここはカントの道徳論を少し詳しくみていく必要があるだろう。

カントは、真の道徳は「定言命法」によってあらわされると考えた。「定言命法」とは何だろうか。それを理解するためには、まずその反対概念である「仮言命法」から理解するのがいいだろう。

「仮言命法」とは、たとえば「信用を失いたくなければ、ウソをついてはならない」という命令文のように、「……れば」「……なら」などの条件（仮言）をともなう道徳命題のことである。

「試験に落ちたくなければ、勉強しなくてはならない」

「叱られたくなければ、おとなしくしていろ」

「死刑になりたくなければ、人を殺してはならない」

など、いくらでも例文をつくることができる。

日常的にも、私たちは知らず知らずのうちにこの仮言命法を多用している。母親が子どもに「あとでお菓子を買ってあげるから、いうことをききなさい」などと諭すときなんて、その一例だ。それは「お菓子を買ってほしければ、いうことをきかなくてはならない」という仮言命法の言い換えである。

さらにいえば、私たちは仮言命法を言明するところまではいかなくても、事実上それを実践していることがよくある。実際、私たちはいい大学に入りたいからつらい受験勉強をするし、給料がほしいから働く。出世したい人はもっと働くだろう。

そこでは「いい大学に入りたかったら勉強しなくてはならない」「給料がほしければ働かなくてはならない」「出世したければ懸命に働かなくてはならない」という仮言命法が実践されているのである。「警察に捕まりたくないから法を犯さない」という場合も同様だ。

この点で、社会は仮言命法の網の目によって行動規範をつくりあげているといってもいい。そして、その仮言命法の網の目によって、社会は規範に沿った行動を人びとから導きだしている。

文章として明言されるかどうかにかかわらず、仮言命法とは社会のルールをなりたたせている中心的な言語形式にほかならない。罰則規定のある法律もまた、それが成文化された一つの姿である。

†仮言命法に対するカントの疑問

カントによれば、こうした仮言命法はしかし、本来の道徳とは決していえないものだ。例として、「信用を失いたくなければ、ウソをついてはならない」という仮言命法をとりあげよう。

この場合、もしウソがばれずに信用を失うことがなければ、ウソをついてもいいことになる。あるいは信用を失ってもかまわないという人は、ウソをついてもいいことになる。「信用を失いたくなければ」という条件（仮言）のもとで「ウソをついてはならない」と要求してくる道徳は、その道徳に従わなくてもいいケース（ウソをついてもいいケース）を必然的に招いてしまうのだ。

これは道徳を補強するようにみえて、逆に弱めてしまっている。仮言命法によって道徳そのものがみずからの内部に限界を抱え込んでしまう、といってもいい。

それに、とカントは問う、ある特定の条件があるからその道徳に従うというのは、そもそも本当に道徳的なふるまいだといえるだろうか。たとえば、ばれる可能性があるからとりあえずウソはつかないでおく、という行為は、結果的にウソはつかなかったとしても本当に道徳的だといえるだろうか。

「信用を失いたくないからウソをつかない」という考えだって、ウソをつかないほうが得だからウソをつかないということでしかない。そこでは道徳よりも損得のほうが優先されている。道徳に従ったほうが得だから従う、というのは本当に道徳的なのだろうか。

やはり道徳は「正しい」からこそ従うべきものなのではないか。ウソがばれようがばれなかろうが、それによって信用を失おうが失わなかろうが、どちらにせよウソをつかない。これが本来の道徳ではないのか。

カントはそう問いかけるのである。

†「ダメなものはダメ」というのが定言命法

したがって、カントによれば、道徳はそうした条件（仮言）をとっぱらった命法であらわされなくてはならない。先の例でいえば、「（ウソがばれようがばれなかろうが、信用を失おうが失わなかろうが、ともかく）ウソをついてはならない」と。

条件（仮言）をとっぱらったこうした命法が「定言命法」である。定言命法とは、いかなる条件もともなわず、端的に「……せよ」「……するな」と命じてくる道徳命題にほかならない。

いわば「ダメなものはダメ」というのが定言命法である。「かわいそうだから（あるいは悲しむ人がいるから）人を殺してはいけない」ではなく、端的に「人を殺してはいけない」と命じてくるのが定言命法なのである。

定言命法という概念のもとには、「正しい」からこそ私たちは道徳に従うのだ、というカントの考えがある。

私たちが「ウソをついてはならない」と思うのは、ウソをつかないほうがなにかと得だからではない。「信用を失わないため」といった、なんらかの条件（目的）を満たすためでもない。正直でいることが正しいと思うからこそ、私たちは「ウソをついてはならない」という道徳を重視するのである。

そうである以上、道徳命題には「信用を失いたくなければ」といった条件は必要ない。「……せよ」「……するな」と、端的に正しい命題が主張されていればいいのである。

†定言命法の概念から何が帰結されるのか

こうした定言命法の概念から、道徳は絶対的で普遍的なものである、ということが帰結される。

というのも、定言命法はいかなる条件もともなわずに端的に「……せよ」「……するな」と命じてくるからであり、したがって、どんな場合でも、いかなる例外もなく、無条件的にそれに従うことを求めてくるからである。

カントによれば、道徳は「正しい」からこそ従うのであって、「信用を落とさないため」「商売を円滑にするため」といった目的や条件があるから従うのではない。

そうである以上、たとえウソがばれなくても、たとえそれで信用を失うことがなくても、ウソをついてはならないことになる。得だろうが損だろうが、そんなことは関係ない。どんな場合であれとにかくウソをついてはならない、というのが定言命法の要請なのである。

†根拠がないからこそ道徳は普遍的だというカントの考え

問いに戻ろう。

道徳には根拠がないからこそ逆に道徳は普遍的なものである、とカントは考えた。それはどういうことなのか、というのが私たちの問いだった。

その答えはいまや明らかだろう。

「人を殺してはいけない」という道徳を例にしよう。私たちはその道徳の根拠を求めて「なぜ人を殺してはいけないのか」と問う。そしてたとえば「自分がしてほしくないことは、他人にもしてはならないから」という根拠をそこに当てはめる。「自分だって殺されたくないから」と。

これを一つの文章にまとめるとこうなる。「自分が殺されたくなければ、人を殺してはならない」。

これは明らかに一つの仮言命法である。仮言命法である以上、そこからは必然的に「自分は殺されてもいいという人は他人を殺してもいいのか」という問い（反論）が招来されてしまう。

要するに、道徳を根拠づけようとすることは、仮言命法をつくるということなのだ。言い換えるなら、道徳を根拠づけようとすることは、道徳を条件づけるということにほかならない。

たとえば「ウソをついてはならない」という道徳を「信用を失わないため」と根拠づけることは、「信用を失いたくなければ、ウソをついてはならない」という仮言命法をつくることであり、「ウソをついてはならない」という道徳を「信用を失いたくなければ」という仮言によって条件づけることなのである。

私たちは「なぜ人を殺してはいけないのか」と問われると、何とかその答えを探しだして、その道徳を根拠づけようとする。何らかの根拠をみつけなければ、「人を殺してはいけない」という道徳が効力をもたないものになってしまうと考えるからだ。

しかし実際は、道徳を根拠づけようとすることは、道徳を条件づけてしまうことでしかない。それは、道徳をその根拠のもとでのみなりたつものとして制限してしまうことなのだ。

私たちは道徳を何とか補強しようとしてその根拠を探す。しかし、それは逆に道徳を制限し、弱めてしまうことになるのである。

カントが仮言命法を道徳から排したのは、そうした根拠づけによる条件づけが道徳にとって有害だからにほかならない。

したがって、道徳には究極的な根拠がないということは、道徳にとってはむしろ利点なのである。道徳を制限するような条件（仮言）がなりたたない、ということをそれは意味するからである。

すでに確認したように、ことばは本性上、価値判断を厳密に根拠づけられるようにはできていない。道徳が特定の条件（根拠）によって制限されえないのは、ことばの本性からして必然的なことなのだ。ことばによって価値判断を厳密に根拠づけることができないからこそ、道徳は無条件的で、普遍的なものだといえるのである。

カントのこうした考えはとても強力だ。

私たちは「道徳には究極的な根拠はない」といわれると、すぐに「そうである以上、道徳は時と場合によって左右される相対的なものであるほかない」と考えてしまう。それで人によっては不安になったり、あるいは逆に開き直ったりするだろう。

しかしカントは、道徳を究極的に根拠づけることはできないという事態から、反対に、道徳は無条件的で普遍的なものであるという結論を導くのだ。道徳は特定の条件（根拠）によって縛られることがないから、いかなるときでも私たちに「従え」と迫ってくるのである、と。

相対主義に陥りがちな私たちに対して、カントはとても強力な理論によって「待った」をかけてくるのである。

†カントの道徳論に対する批判

もちろん、カントのこうした道徳論に対しては多くの批判がある。

とくに批判が向けられているのは、ウソをつくことで誰かを助けられるような場合ですらウソをついてはならない、とカントが述べていることに対してだ。

カントはこんな例をだしている。

人殺しに追われている友人が私の家に助けを求めにやってきた。私は友人を家のなかにかくまうが、しばらくすると人殺しが友人を追って家までやってくる。人殺しは私に、友人は家にいるかと尋ねる。もし私が正直に「いる」と答えれば、友人は人殺しに見つかって、殺されてしまうかもしれない。はたして私は正直に答えるべきだろうか、それともウソをつくべきだろうか（イマヌエル・カント「人間愛からならうそをついてもよいという誤った権利に関して」、『カント全集　第十六巻』尾渡達雄訳、理想社）。

多くの人はこの問いに対して「ウソをつくべきだ」と考えるだろう。正直でいることよりも友人を人殺しから助けることのほうが重要だと考えるからだ。

現代でいえばこの例は、ＤＶ（ドメスティック・バイオレンス）をふるう男から逃げてきた女性をかくまっているときに、そのＤＶ男から女性の居場所をきかれたらどうするか、という問題に変形できるかもしれない。

このとき女性の居場所を正直に教えてしまったら、女性の身に何が起こるかわからない。多くの場合、ＤＶ男は相手の女性に対して異常な執着心をもっている。そのため、女性を

DV男の暴力から守るためには絶対に女性の居場所をDV男に知られないようにしなくてはならない。

しかし、カントはそうしたときですら「ウソをついてはならない」と考える。

カントはその理由をこう説明している。

もし私がウソをついて、人殺しが私の家から去ろうとしたとき、ちょうどタイミング悪く友人が裏口から逃げようとして人殺しとばったり会ってしまい、人殺しに殺されてしまったら、私はその結果に責任をとれるだろうか、とれないだろう。

たとえ何かよいことのために（あるいは悪いことを回避するために）ウソをついたとしても、そのウソの結果、もっと悪いことが起きるかもしれないのだ。本当のことをいって悪い結果がもたらされたとしても、それは仕方のないことである。しかしウソをついて悪い結果がもたらされたとしたら、それは私自身がそれを引き起こしたことになりかねない。そこまで私たちは責任をとれるだろうか。とれないだろう。だったらはじめからウソをつかないほうがいいのだ。

こうカントは考えるのである。

くりかえすと、この箇所はカントの道徳論のなかでもすこぶる評判が悪い。カントはあまりにもきまじめで厳格すぎるのではないか、と。

たしかに定言命法はいついかなる場合でも「ウソをつくな」と命じてくる普遍的な命法である。その点でいえば、誰かを助けるためであってもウソをついてはならないと主張するカントの立場は一貫している。

とはいえ、このカントの主張は多くの人にとって受け入れがたいのも事実だろう。私もまた、人殺しから友人をかくまうためならウソもつくだろうし、DV男から女性を守るためにはウソも必要だと考える。

カントの立場は一貫している以上、こうした疑義は定言命法の概念そのものに対する疑問にもなる。

†それでもカントの道徳論を否定できないわけ

とはいえ、それでも私はカントの考えを簡単に切って捨ててしまうことはできないと思う。

なぜなら、このカントの主張はあらゆる状況をこえて迫ってくる道徳の力というものをさし示しているからだ。

カントの主張を公平に評価するために、二つのケースを比較しよう。

一つは、友人が殺されることを避けようとしてウソをついたら、逆にそれがきっかけとなって友人が殺されてしまったというケースである。もう一つは、友人が殺されることを避けようとして本当のことをいったら、逆にそれがきっかけとなって友人が殺されてしまったというケースである。

どちらも「自分のしたことが裏目にでて、友人が殺されてしまった」という点は変わらない。

しかし、私たちが良心の呵責をどれほど感じるかという点では、両者は大きく異なるだろう。自分がウソをついたことで悪い結果が生じてしまったときのほうが、自分が正直でいたことで悪い結果が生じてしまったときよりも、良心の呵責を強く感じるはずだ。言い換えるなら、予想外の悪い結果が生じてしまったという点では同じでも、本当のことをいってそうなった場合よりも、ウソをいってそうなった場合のほうが、後悔の念は強くなるにちがいない。

なぜだろうか。「ウソをついてはいけない」という道徳がそれ自体として私たちを拘束しているからである。

私たちは仮言命法で道徳を把握することに慣れているため、どうしても「悪いことを避けるためには、ウソをつくのもやむをえない」と考えがちだ。しかし、それによってつねに思ったとおりの結果が得られるとはかぎらない。そのときは、たとえ「悪いことを避けるために」という意図からなされたことであっても、一気に「ウソをついた」ことの問題性があぶりだされてくる。その程度には、私たちは道徳に縛られているのである。

たしかに、ウソをついたことでよい結果がもたらされれば、それほど良心の呵責にさいなまれることはないかもしれない。しかし、そのときだって「本当にウソをついてよかったのか」「相手をだましてまで、よい結果を得る必要はあったのか」と後で悩むことがあるかもしれない。

どんな結果がもたらされようとも、道徳はその結果とは無関係にそれ自体で「よかったのか、わるかったのか」を問われるような性質をたしかにもっているのである。

たとえ悪いことを避けるためにウソをついてしまった場合でさえ、少なくとも「ウソをつくべきだったのか、つかないべきだったのか」ということが問題になる程度には、道徳はあらゆる条件をこえて従うことを迫ってくる力をもっているのだ。

その力こそ、道徳の本来的な力であり、カントが示そうとしたものなのである。

†ことばは道徳においてまったく無力なのか

こうした道徳の力は、じつは、ことばと道徳の関係のなかにもみいだされる。

先ほど私は、ことばは「よい・わるい」という価値判断を厳密に論拠づけることには向いていないと述べた。ことばはものごとの関係や過程を記述することにはひじょうに向いている一方で、道徳を根拠づけることには向いていない、と。

しかし、だからといって、ことばは道徳を論じることにおいてまったく無力なのかといえば、決してそうではない。なぜなら、ことばは道徳の正しさを究極的に「論証」することはできなくても「説得」することはできるからである。

たしかに、ことばができるのは「人を殺したら悲しむ人がいる」という因果関係を述べるところまでだ。「だから人を殺してはいけない」ということまでは厳密には論証することができない。

しかし、「人を殺したら悲しむ人がいる」と述べることによって、それをきいた相手が「だから人を殺してはいけないんだ」と納得してくれることは十分ありうる。ことばが論証できるのは事実関係や因果関係までだとしても、それによってことばは何らかの道徳的なメッセージを伝えることができるのだ。

ことばによる説得とは、必ずしも「……すべきだ」「…すべきではない」ということを直接相手にいうことだけにはとどまらない。たとえ「……すべきだ」「……すべきではない」ということを直接いわなくても、「人を殺せば悲しむ人がいる」「飢餓で苦しんでいる人がいる」と事実関係を述べるだけでも、同じような説得の効果をもたらすことができるのである。
それが道徳におけることばの力となる。

†道徳を「説得」することばの力

こうしたことばの力はこれまでもさまざまなかたちで理論化されてきた。たとえば言語行為論では、他人に筆記具を借りたいときに「書くもの、もってる?」ときくような現象に注目する。

この「書くもの、もってる?」という文章は、そのことば上の意味だけをみれば、「あなたは筆記具をもっていますか?」という事実をきいているにすぎない。逐語的に答えるなら「はい」か「いいえ」しかない。

しかしその文章が実際に投げかけられると、それは「もし筆記具をもっていたら貸してもらえないか」という依頼をあらわす文章となる(これを間接言語行為という)。

意味的にはたんに事実を述べたりきいたりするだけの文章が、いつでも発話者からの意図やメッセージを伝える文章になりうるのだ。

そうしたメッセージを伝える力が、道徳を「説得」することばの力にもなっているのである。つまり「人を殺したら悲しむ人がいる」「重罰に処される」と事実関係を述べるだけで、それは「人を殺すことは悪いことで、やってはいけないことだ」というメッセージを伝えるような力をもつのである。

もともと言語行為論は結婚式における宣誓文のように、ことばが発せられることによって「現実」をつくりだす現象（この場合は、「相手を妻（夫）として一生愛します」という誓いによって婚姻の「事実」がうみだされるという現象）を問題にしてきた。

日本における言霊信仰の対象となったのも、同じようなことばの力にほかならない。そこでは不吉なことばを発すると実際に凶事が起こると信じられ、そうした不吉なことばを発することが忌避された。

呪いのことばなんて単なることばにすぎないと考えつつも、その呪いのことばが実際に自分にかけられるとやはりそれを気味悪く思ってしまうのも、同じようなことばの力を感じているからである。

道徳がもつ力についても、こうしたことばの力から考えられなくてはならない。

道徳は「論証」されることによって力をもつのではないのである。たとえ道徳を正当化する「根拠」が論証されえなかったとしても、それが「正しいこと」として相手に納得してもらえるなら、それが道徳の力となる。事実、私たちはある道徳の正しさを厳密に論証することができなくても、その道徳を正しいことだと信じ、それに従っている。

道徳は「論証」すべきものではなく「説得」すべきものなのだ。

†道徳は論証されなくても力をもつ

したがって、「なぜ人を殺してはいけないのか」という問いに絶対的な答えがないからといって、とりたてて悲しむ必要はないのである。

「大切な人が殺されたらあなたはどう思う?」とか「おまえだって殺されたくないだろう」と述べて、相手が納得してくれるなら、それで十分なのだ。

さらにいえば、相手が「人を殺してはいけない」ということを確信してくれるなら、そこに何らかの明確な論拠をみつけられなくてもいい。「なぜ人を殺してはいけないのかはわからないけど、私は殺したくないし殺されたくない」と述べるだけでも、それが共感を呼ぶこともある。

実際、多くの人は「なぜ人を殺してはいけないのか」ときかれてそれに答えようとするとき、それを厳密に論証しようとするよりも、どうやったら説得的な答えになるのかを考えるはずだ。無自覚的にではあれ、そこには「道徳は論証すべきものではなくて説得すべきもの」という前提がたしかにあるのである。

逆に、道徳はその根拠が示されて「正しさ」が論証されなければ力をもたないのだとしたら、それこそ大変なことになるだろう。

というのも、もしそうだとしたら、「人を殺してはいけない」という道徳の根拠が絶対的に論証されないかぎり、誰もその道徳を尊重しようとはしなくなるからだ。それこそ「正しさが論証されていない」という理由で殺人がバンバン起きることになる。

この点で、「なぜ人を殺してはいけないのか」という問いにちゃんと答えなければ、人びとの道徳意識は低下し、殺人が増えてしまう」と考えることは、道徳に対する根本的な無理解をさらけだすことでしかない。「なぜ人を殺してはいけないのか」という問いに厳密な答えがないことに対して、深刻な顔をしていきどおってしまうのは、立派なモラリストを気取っているようでいて、それこそ道徳の力をおとしめていることにしかならないのだ。

†カントが定言命法の概念によって示そうとしたもの

こうした道徳の力こそ、カントが定言命法の概念によってさし示そうとしたものにほかならない。

道徳は、たとえその正しさを論証する根拠をもたなくても、人びとに「従うべき」と迫ってくる力をもっている。その力は「(バレようがバレなかろうが、とにかく)ウソをつくな」「(悲しむ人がいようがいなかろうが、とにかく)人を殺してはならない」といった定言命法のかたちで表現されるしかない。

カントがあらゆる仮言をとりはらって道徳を考えようとしたのは、たとえその正しさが論証されなくても道徳はそれ自体として説得の力をもつからなのである。

3 カントの死刑論からみえてくる道徳の本質

†死刑を肯定するカント

とはいえ、これで問題は終わりではない。

というのも、カントは死刑を肯定しているからである。

カントは『人倫の形而上学』という著書のなかで、殺人を犯したものは死刑に処されなくてはならないと述べている。カントはいう。「だが、もし或る者が殺人の罪を犯したならば、彼は死なねばならない」（イマヌエル・カント「人倫の形而上学」、『カント全集第十一巻』吉澤傳三郎・尾田幸雄訳、理想社、二〇五頁）。

死刑を肯定するということは、「場合によっては人を殺してもいい（あるいは、場合によっては人を殺さなくてはならない）」と認めることだ。つまりそれは「いつ、いかなる場合でも人を殺してはいけない」という道徳を否定するということである。

言い換えるなら、死刑を肯定するということは、「人を殺してはいけない」という道徳は定言命法にはなりえない、ということを認めることである。

では、このとき定言命法の概念はどうなるのだろうか。「人を殺してはいけない」という道徳が定言命法でないとするなら、私たちは何を定言命法とみなし、どのようなものとして定言命法の概念を理解すればいいのだろうか。そもそも定言命法の概念と死刑の肯定は両立するのだろうか。

†なぜカントは死刑に賛成なのか?

まずは、なぜカントは死刑を肯定するのか、という点から確認していこう。

カントが死刑を肯定するのは、一言でいえば、正義の実現のためである。カントの言葉を引き続き引用しよう。


だが、もし或る者が殺人の罪を犯したならば、彼は死ななくてはならない。この場合には正義を満足させるための何らの代償物もない。よしんばどんなに苦しみに充ちた生にもせよ、生と死とのあいだには何らの同質性もなく、それゆえにまた、犯罪者に対して裁判を通じて執行された死（……）による以外には、犯罪と報復との何らの同等性もない（イマヌエル・カント「人倫の形而上学」、『カント全集　第十一巻』理想社、二〇五－二〇六頁、訳を少し変更）。

カントによれば、他人の命を奪った者はみずからも刑罰によって死に処されるのでなければ、正義は実現しない。要は、「ひとを殺しておきながら自分はのうのうと生きていられるなんて、どこに正義があるのか」ということである。

カントがここで依拠しているのは「同等性の原理（または同害応報の原理）」といわれるものである。「同等性の原理」とは、他人に危害や損害を与えたものは、それと同等の不利益を与えられることで処罰されなくてはならない、という原理である。

たとえばカントは盗みをした者に対してこう述べている。

およそ盗みをなす者は、一切の他人たちの所有権を不確実にする。それゆえ、彼は（同害応報の法に従って）一切の可能的な所有権の確実性を放棄する。彼は何ものをも所有せず、また何ものをも取得しえず、しかも生きることを欲する。ところで、こういうことは、彼を他人たちが扶養することによってしか可能でない。だが、こういう扶養を国家はただではなさないであろうがゆえに、彼は国家の欲する諸労働（要塞で手押車を押す労役とか、その他の懲役労働）のために彼の労力を国家に委ねなくてはならず、かくて一定の期間、あるいは事情によってはさらに無期にわたって奴隷の身分に陥る（イマヌエル・カント「人倫の形而上学」、『カント全集　第十一巻』理想社、二〇五頁、訳を少し変更）。

つまり、盗みをした者は人びとの所有権を不確実なものにしたのだから、彼は同害応報の原理（同等性の原理）にもとづいて所有権を剝奪されなくてはならない、ということである。とはいえ、所有権を剝奪されれば一般社会では生きていけないから、彼は国家によって扶養されなくてはならず、その代償として彼は懲役労働を国家に提供しなくてはならない。その結果、盗みの罪に対しては懲役刑が成立する。

こうした「同等性の原理」をつらぬくことが正義を実現することだとカントは考えた。まさに、他人の命を奪った者は、「生と死とのあいだには何らの同質性もな﹅い﹅」以上、自らの命をさしだすことによってしか罪をつぐなえない、ということである。

†死刑をさだめる刑法とは一つの定言命法である

注目すべきは、こうした同等性の原理にもとづいて死刑をさだめる刑法を、カントは一つの定言命法だと考えた、ということだ。カントはいう、「刑罰法則は一個の定言命法である」(イマヌエル・カント「人倫の形而上学」、『カント全集　第十一巻』理想社、二〇三頁、訳を少し変更)。

すなわち、同等性の原理にもとづく死刑とは、いかなる場合でもなりたつべき普遍的な道徳だとカントは考えたのである。

事実、「人を殺しておきながら自分はのうのうと生きていられるなんておかしい、人を殺した以上は自らも命をもってつぐなうべきだ」という規範意識は私たちのあいだでも根強い。カントによれば、それはあらゆる条件をこえて人びとに迫ってくる道徳命題なのである。

これは、カントの死刑論を理解するうえで重要なポイントである。

カントが死刑をさだめる刑法を一つの定言命法だとみなすのは、あくまでも死刑そのものが「同等性の原理」を体現しているからである。凶悪犯罪を抑止するためとか、社会の秩序を守るためとか、殺された人の遺族に代わって犯罪者に復讐するためとかいった理由で、カントは死刑を肯定しているのではない。

後者の場合だと、「凶悪犯罪を抑止するために、死刑を存置しなくてはならない」「社会の秩序を守るために、死刑は必要だ」という仮言命法になり、死刑が凶悪犯罪を抑止したり社会の秩序を守ったりするための単なる手段となってしまう。手段になるということは特定の目的に従属するということだ。そのとき、死刑をさだめる刑法は、無条件的な、それ自体として価値をもつ定言命法ではなくなってしまうのである。

たとえば「凶悪犯罪の抑止のためには死刑が必要だ」と主張するならば、ただちに「死刑に凶悪犯罪を抑止する効果がないならば、死刑は必要なくなるのではないか」という反論がでてきてしまう。

事実、すでにみたように凶悪犯罪に対する死刑の抑止効果は決定的な仕方では証明されていない。また、「死刑になりたかったから人を殺した」という動機の殺人事件が、その重要性を無視できない程度には発生している以上、死刑は凶悪犯罪を抑止するどころか誘発することさえある。

「凶悪犯罪を抑止するために、死刑を存置しなくてはならない」と仮言命法のかたちで考えたとたん、死刑肯定論は、反論にさらされる、ひじょうに限定的なものとなってしまうのだ。仮言命法の弱さがここでもあらわれてしまうのである。

カントが死刑を肯定するのはそうした仮言命法としてではない。カントはあくまでも「同等性の原理」のもとで、つまりいかなる状況にも左右されない普遍的な道徳原理として、死刑をさだめる刑法を肯定したのである。

カントにとって、死刑をさだめる刑法とは、それ自体として道徳的な価値をもつ、一つの定言命法にほかならない。言い換えるなら、カントにとって死刑の肯定と定言命法の概念は、対立するどころか、ぴったりと合致するのである。

†道徳において普遍的なのはあくまでも「原理」である

こうしたカントの死刑肯定論は、私たちに道徳をめぐる問題をあらためて突きつけずにはいない。道徳ははたして無条件的で普遍的なものなのか、それとも時と場合によって左右される相対的なものにすぎないのか、という問題だ。

カントは死刑をさだめる刑法を一つの定言命法として肯定する。これは逆にいえば、「人を殺してはいけない」という道徳は相対的なものにすぎない、と主張することにほかならない。死刑を肯定するということは、「時と場合によっては人を殺すのもやむをえない」と認めることだからだ。

しかも、カントは死刑を単に肯定するだけでなく、一つの定言命法として肯定する。すなわち「同等性の原理」を実現する定言命法として、である。

これを厳密に考えるなら、カントにとって普遍的な道徳として考えられるべきは、「同等性の原理」のほうであって、「人を殺してはいけない」という個別的な道徳命題のほうではない。「人を殺してはいけない」という道徳命題はあくまでも、「同等性の原理」の実現のためには反故にされることもありうる、相対的なものなのだ。

カントの死刑論にもとづくなら、道徳において普遍的なのは〝原理〟であって、個々の道徳命題ではない。個々の道徳命題は相対的なものにとどまるのである。

†個々の道徳命題はあくまでも相対的なものにとどまる

これは、道徳の本質を考えるうえできわめて重要な論点となる。

たとえば、私たちの多くは「人を殺してはいけない」と強く思いながらも、死刑を（少なくともやむをえないものとして）肯定している。一方では「人を殺してはいけない」と考えながら、他方では「（凶悪犯を処罰するためには）人を殺すのもやむをえない」と考えているのである。

これは一見すると矛盾しているようにみえる。

とはいえ、だからといって「凶悪犯を死刑にすべき」と考える人たちは、決して道徳をかなぐり捨ててそう考えているわけではない。むしろ道徳的に考えた結果として「凶悪犯を処刑すべき」と主張しているのである。言い換えるなら、そこでは「人を殺してはいけない」という考えも、「(凶悪犯を処罰するためには)人を殺すのもやむをえない」という考えも、ともに道徳的に考えられたものとしてだされているのである。

つまり、死刑肯定論においては、個々の道徳命題はあくまでも相対的なものにとどまるのである。にもかかわらず、そこには相矛盾する道徳命題をともになりたたせている道徳意識がたしかにある。

その、個々の道徳命題をなりたたせている道徳意識こそ、カントは定言命法の名にふさわしい、普遍的なものだと考えたのである。

あらゆる道徳判断の根底には、個々の道徳判断をなりたたせている根源的な道徳意識があるはずだ。その根源的な道徳意識からみれば、個々の道徳判断はたしかに時と場合に左右される相対的なものにすぎない。表明された命題だけをみれば、互いに矛盾する道徳判断がなされることさえあるだろう。しかし、そうした個々の道徳判断をなりたたせている根源的な道徳意識は、あらゆる状況のもとで道徳判断をなりたたせているという意味で、普遍的なものであるほかない。その、根源的で普遍的な道徳意識を、カントは定言命法として概念化したのである。

このように考えると、道徳において何が相対的で、何が普遍的なのか、明確になってくる。

道徳において、個々の道徳判断や道徳命題は普遍的なものにはなりえない。どんな場合でも一律に妥当する道徳命題というものはありえない。個々の道徳判断や道徳命題はどうしても相対的なものにとどまってしまう。道徳において普遍的なもの、それは個々の道徳判断をなりたたせる原理である。その原理をカントは「同等性の原理」としてとりだした。その原理こそ、カントが定言命法として概念化しているものにほかならない。

†定言命法の根本法則

そうである以上、定言命法は本来的には、個々の道徳命題によっては――たとえば「人を殺してはいけない」とか「ウソをついてはいけない」といった個々の道徳命題によっては――表現されえない、ということになる。カントのいう定言命法とはあくまでも個々の道徳命題をなりたたせる根源的な道徳原理のことだからだ。

私たちはカントの定言命法の概念を理解しようとするとき、どうしても具体的な道徳命題によってそれを理解しようとしてしまう。定言命法もまた一つの「命法」であるかぎり、それも仕方のないことかもしれない。

しかし、カントは定言命法の概念をつうじて、どんな場合でも普遍的に当てはまるような何らかの道徳命題を考えているわけではない。道徳判断は時と場合によってさまざまではあるけれども、にもかかわらず私たちが道徳的に考えようとするとき必然的にそこに作用している原理を、カントは定言命法の概念をつうじて明らかにしようとしたのである。

この点について、さらに掘り下げて考えていこう。

カントは定言命法について、それを実現するための根本法則を定式化している。その定式化とは次のようなものだ。

汝の意志の格率が、つねに同時に普遍的立法の原理として妥当することができるように行為せよ（『実践理性批判』宇都宮芳明訳、以文社、七七頁）。

いきなり難しい表現がでてきたので、とまどってしまう読者もいるかもしれない。

ここでいわれているのは要するに「あなたがとろうと思っている行為の基準（＝格率）が、誰がやっても問題ないもの（＝普遍的立法の原理）となるように行動しろ」ということである。

たとえば「バレない範囲でウソをついてもいい」という行為の基準を自分はとろうと思

っていたとする。その基準が「誰がやっても問題ない、普遍的なルール」としてなりたつかどうかを考えたとき、かならずしもなりたつとはいえないようなら、その行為の基準は定言命法とはいえない。

つまり、定言命法を実践するためには、「誰がやっても問題ない、普遍的なルール」としてなりたつことだけを行為の基準とすべきなのである。「自分だけはいい」というのは許されない。つねに自分の行為の基準が「誰がやっても問題ないような、普遍的ルール」としてなりたつかどうかを吟味すること、それが定言命法を実践するための根本法則となる。

†定言命法とは隠れた仮言命法である

カントのこの指摘は一見するともっともなようにみえる。定言命法とはまさに時と場合によって左右されない道徳のあり方をさすものであったからだ。つまり、それは言い換えるなら「誰がやっても問題ない、普遍的なルール」のことである。定言命法を実践しようとすれば、そうした「誰がやっても問題ない、普遍的なルール」を行為の基準とするほかない。

しかしよく見ると、このカントの説明は同時に、定言命法がじつは隠れた仮言命法でもある、ということをさらけだしてしまっている。

というのも、ここでカントが述べているのは、つまるところ「ほかの人にしてほしくないことは自分もするな」ということだからだ。「誰がやっても問題ないことだけをせよ」というのは裏返せば「他人にしてもらいたくないことは自分もしてはならない」ということである。

これが隠れた仮言命法であることは、「人を殺してはいけない」という道徳にそれを当てはめるとよくわかるだろう。

「他人に殺人をしてほしくなければ、自分も人を殺してはいけない」

「自分が他人に殺されたくなければ、自分も人を殺してはならない」

これらは明らかに仮言命法である。「自分が殺されたくなければ」「他人にも殺人をしてほしくなければ」という条件（仮言）のもとでのみなりたつ道徳命題であるからである。

私たちは先に、「なぜ人を殺してはいけないのか」という問いに対して「自分がされたくないことは他人にもしてはいけないから」と答えることは論理的に不十分だということをみてきた。この答えだと、ただちに「自分は殺されてもいいと思っている人は、他人を殺してもいいのか」という反論がなされてしまうからである。

そうした反論を防ぐためにこそ、カントは定言命法の概念を提起したのだった。

しかし、その定言命法をどうしたら実現できるかを示す段階で、カントはそれが仮言命法にならざるをえないことを図らずも明示してしまったのである。

定言命法とはじつは隠れた仮言命法である。

定言命法を実践するためには、「ほかの人にしてほしくないことは自分もするな」「他人にしてもらいたくないことは自分もしてはならない」という行動指針をとらざるをえない。定言命法とは「いつ、誰がやっても問題ない、普遍的な規範」である以上、それは避けられないことなのだ。

†矛盾はどこから生じるのか?

定言命法はじつは隠れた仮言命法である――。この矛盾を私たちはどのように考えればいいのだろうか。

ヒントとなるのはやはりカントの死刑論である。

カントは死刑をさだめる刑法を一つの定言命法として肯定した。なぜ肯定したのかといえば、それが「同等性の原理(同害応報の原理)」を体現しているからであった。「同等性の原理」とは、くりかえすなら、他人に危害や損害を与えたものは、それと同等の不利益を与えられることで処罰されなくてはならない、という原理である。

注目したいのは、この「同等性の原理」は応報論的な規範原理にもとづいている、ということである。すなわち「人を殺しておきながら自分はのうのうと生きていられるなんておかしい、人を殺した以上、その罪は命によってつぐなわれるほかない」という応報論的な規範原理である。

これと同じように、さきの定言命法の根本法則もじつは応報論的な規範原理にもとづいている。すなわち、「誰がやっても問題ないことだけをしろ」「自分がされていやなことは他人にしてはならない」「自分が他人にされてもいいことだけを他人にしなくてはならない」という応報論的な規範原理である。

つまり、応報論的な規範原理こそ、両者のあいだに共通する根源的な規範原理なのである。言い換えるなら、カントの定言命法の根底にあるのは、「他人にされていやなことは自分もするな」「他人にしたことは自分に跳ね返ってくるが、それでもいいのか」という応報論的な規範原理なのである。

カントは「自分の行為の原則が普遍的立法の原理となるように行為せよ」と定言命法の根本法則を定式化した。その根本法則からいえば、人を殺すということは、それが普遍的立法の原理となって、他人もまた自分を殺してもいいということを自分自身の行為によって認めるということにほかならない。「他人の命を奪った以上は、自分の命も奪われることを認めたことになる」ということだ。

実際、その定言命法の根本法則は「他の人にされたくないことは自分もするな」「自分が他人にされても問題ないことだけをしろ」と命じている。それにもとづくなら、人を殺すことは必然的に「他人も自分を殺すこと」を受け入れることになるのである。それがカントの死刑論では「同等性の原理」としてとりだされているのである。

この点で、カントの考えは一貫している。カントが死刑を肯定するときも、定言命法の根本法則をさだめるときも、同じ規範原理が念頭に置かれているのである。

では、なぜ定言命法は仮言命法でもあるという矛盾が生じてしまうのだろうか。

それは、定言命法を何らかの具体的な道徳命題であらわそうとするからである。先の定言命法の根本法則も「行為せよ」という具体的な道徳命題（命法）であらわされていた。

カントが定言命法の概念によって究極的にさし示そうとしたのは、あくまでも応報論的な規範原理という「原理」である。それは、個々の道徳判断をなりたたせている根源的な原理にほかならない。したがって、本来的にはそれは具体的な道徳命題（命法）としては表現されえないものだ。にもかかわらず、それを具体的な道徳命題であらわそうとするところに、矛盾が生じる原因がある。あくまでも「原理」でしかないものを具体的な道徳命題で示そうとすれば、どうしてもそれは定言命法の概念を裏切ってしまうのである。

もちろん、いくら根源的なものであるとはいえ、その応報論的な規範原理も「規範」である以上は、何らかの「命法」として私たちに迫ってくるほかない。「誰もがおこなってよいと思えることだけをおこなえ」と迫ってくる定言命法の根本法則はその典型例である。だからこそ、カントはそれを定言「命法」と名付けたのである。

とはいえ、「原理」である定言命法を具体的な道徳命題であらわそうとすると、やはりどこかで無理が生じてしまう。ちょうどカントが、人を助けるためですらウソをついてはいけない、と論じたことに無理があったように。

定言命法とは、さまざまな状況のなかで道徳そのものをなりたたせる普遍的な規範原理である。その普遍性を、特定の「ウソをついてはならない」といった道徳命題であらわそうとするから、人殺しにすらウソをついてはならない、という無理が生じてしまったのである。

†定言命法の根底にあるもの

定言命法の根底にあるのは「他の人たちがしてもいいと思えることだけをしろ」「自分のしたことはそのまま自分に跳ね返ってくるけど、それでもいいのか」という広い意味での応報論だ。この広い意味での応報論こそ、カントが道徳をなりたたせている根源としてさし示そうとしたものにほかならない。

カントの道徳論に対しては、しばしば激しい批判がむけられてきた。カントがあまりにも厳格に道徳を考えようとしたからだ。定言命法の概念はその象徴である。

しかし、カントが定言命法の概念によって論じようとしたのは、「どんな場合でも無条件に道徳には従うべきだ」ということではない。そうではなく、「私たちが道徳的に正しいと考えるときは、誰にとっても正しいものとして、つまり普遍的に正しいものとして考えているはずだ。だからその普遍性こそ道徳の本質として探求すべきだ」ということである。事実、私たちは、特定の人たちは従わなくていいことを道徳とは呼ばない。

この点からいえば、「人を助けるためですらウソをついてはならない」という主張は、カントの道徳論の本質的な帰結ではない。「切羽詰まった状況で人を助けるためなら、誰であれウソをつくことはやむをえない」と考えられるなら、それは道徳として普遍性をもつ。

では、そのとき道徳の普遍性を支えている原理とは何か。

その原理こそ、「他の人たちもしていいと思えることだけをおこなえ」という根源的な応報論なのである。

私たちは、個々の道徳判断のレベルでみれば、互いに矛盾するような道徳判断をたえずおこなっている。しかし、個々の道徳判断がたとえ互いに矛盾するような内容であっても、そこにはそれらの道徳判断を「正しいこと」として説得的なものにしている根源的な規範原理が働いている。その、個々の道徳判断に通底している規範原理こそ、道徳そのものをなりたたせている普遍的な「道徳」としてとりだされなくてはならないものなのだ。

4 根源的な道徳原理としての応報論

†あらゆる道徳判断に通底するものとしての普遍性

ここまできてようやく私たちは、道徳ははたして無条件的で普遍的なものなのか、それとも時と場合によって左右される相対的なものにすぎないのか、という問題に答えることができる。

まず、道徳はその判断の〝内容〟のレベルでいえば、時と場合によって左右される相対的なものである。

私たちは「絶対に人を殺してはいけない」と考えながらも、その一方で「死刑は必要だ」「あんな凶悪な犯罪をおかしたやつは死刑にしろ」「安楽死は認めるべきだ」「女性の権利を考えれば人工妊娠中絶もやむをえない」などと、状況に応じて「人を殺すこともやむをえない（もしくは必要だ）」と考える。

しかし、そうしたさまざまな――たがいに矛盾さえする――道徳判断がそれでもなお一つの道徳としてなりたつためには、より根源的な規範原理がそこになくてはならない。その規範原理は、あらゆる道徳判断に通底し、かつそれがなくてはいかなる道徳判断も「正しいもの」としてなりたちえないという意味で、普遍的なものだ。カントが定言命法の概念をつうじて示そうとしたのは、そうした根源的で普遍的な規範原理の存在にほかならない。

その規範原理は広い意味での応報論として「他人にされたくないことは自分もするな」「自分がされたくないことを他人にしたら、それが自分に跳ね返ってくることを覚悟しろ」ということを命じる。そしてそれによって個々の道徳判断を説得的なものとする。

たとえば「ウソをついてはならない」という道徳命題でいえば、「おまえだってウソをつかれたくないだろう（だからおまえもウソをつくな）」「ウソばかりついていたら（それが自分に跳ね返ってきて）人から信用されなくなるぞ」「ウソをつくようなやつは他人にウソをつかれても仕方ない」といったかたちで、その道徳命題を説得的なものにするのである。

たしかに個々の道徳判断は状況によって左右される相対的なものにすぎない。しかし、その個々の道徳判断をそれぞれ説得的なものにしている根源的な規範原理は、個々の道徳判断をこえた普遍的なものなのだ。

言い換えるなら、「何が道徳的に正しいことなのか」という判断はそれぞれの状況に応じて異なるが、「道徳的に正しいとはどのようなことなのか」をさだめる原理はそれぞれの道徳判断のあいだに通底しているのである。

†なぜ私たちは相対的なものにすぎない道徳をそれでも尊重するのか

私たちは先に次のことを確認した。道徳にはそれを正当化する究極的な根拠はなく、したがって道徳とは相対的なものにすぎない、と。

しかしここから、相対的なものにすぎない道徳をなぜ私たちは正しいこととして守ろうとするのか、という問いがどうしても生じてくる。

時と場合によって判断の中身が変わるようなものなら、私たちは道徳をそれほど尊重しなくたっていいはずだ。にもかかわらず、私たちはものごとが道徳的に「正しいか、正しくないか」ということにこだわらずにはいられない。それはなぜなのだろうか。

道徳にはそれを正当化する究極的な根拠はない。にもかかわらず、道徳にはそれを「正しいこと」だと納得させる力がある。その力はどこからくるのだろうか。

その力こそ、道徳を道徳たらしめている普遍的な原理として思考しなくてはならないものなのだ。

†安易な相対主義にとどまることはできない

繰り返そう。

私たちは一般的なレベルでは「人を殺してはいけない」という道徳を「正しいこと」だと考えつつも、死刑や安楽死など、場合によっては「人の命を奪うこともやむをえない」と考える。死刑や安楽死に賛成するとき、私たちは決して道徳そのものを否定しているわけではないだろう。それどころか、死刑や安楽死への賛成自体、道徳的な判断としてだされている。

つまり、一般的なレベルで「人を殺してはいけない」と考えるときも、「場合によっては人を殺すこともやむをえない」と考えるときも、ともに私たちは道徳的に考えているのである。

どちらの場合にも、その「道徳的に考える」ということそのものを可能にし、かつ人びとを「道徳的に考える」よう駆り立てる力は、決して「時と場合によって左右される相対的なもの」ではありえない。たとえ相反する道徳判断を私たちはなすことがあっても、そこには共通して作動している「道徳なるもの」がたしかにあるのだ。

カントの道徳論の読解から導きだされたのは、そうした根源的な「道徳なるもの」としての応報論である。

一見矛盾する道徳の判断をまえに「道徳とは相対的なものにすぎない」と涼しい顔で述べることはじつはそれほど難しいことではない。哲学的にいえば、それはむしろ安易な考えですらある。

しかしそれでは、なぜ道徳というものがそれでもなお説得的なものとして成立しているのかを理解することはできない。道徳の根源をとらえるには安易な相対主義にとどまることはできないのだ。

†なぜ応報論なのか

とはいえ疑問は残る。

なぜ応報論なのか、という疑問だ。

たしかに個々の——たがいに矛盾さえする——道徳判断の根底には、それを道徳としてなりたたせている根源的な規範原理があることは疑いえない。その規範原理は個々の道徳判断をこえた普遍的なものであるということも納得できる。しかしなぜそれは応報論のかたちをとるのだろうか。

私たちはその応報論をカントの道徳論の読解から導きだしてきた。では、根源的な規範原理が応報論のかたちをとるのは、たまたまカントの道徳論がそういうものだったからにすぎないのだろうか。

そうではない、というべきだろう。

なぜならその応報論は、道徳的に「正しい」という判断がなりたつためには二つのものごとの「価値」が釣り合わなくてはならない、ということを示しているからである。

根源的な応報論は私たちに「他人にされたくないことは自分もするな」「自分がされたくないことを他人にしたら、それが自分に跳ね返ってくることを覚悟しろ」ということを命じる。つまり応報論とは、「私が人にすること」と「人が私にすること」が釣り合わなくてはならないと命じる規範原理なのである。

もちろんその場合、「私が人にすること」と「人が私にすること」がまったく同一でなくてもかまわない。

たとえば私たちは親切なことを他人にしたときに相手からまったく感謝をされないと、自分がした親切が無駄になったような気持ちになる。内心怒る人もいるかもしれない。

「親切にしたのに、あいつは感謝すらしない」と。

要するにそこでは「（人に）親切にすること」は「（親切にされた相手がこちらに）感謝すること」と釣り合うべきだと考えられているのである。それが、人に親切にされたらちゃんと感謝するべき、という道徳としてあらわれるのである。

応報論で釣り合うべきだとされるのはかならずしも同一の行為ではない。あくまでも行為の「価値」なのだ。

その価値が釣り合うと思われるときに私たちは道徳的に「正しい」と考え、反対に釣り合わないと思われるときは「おかしい」「不正だ」と考えるのである。

応報論が道徳をなりたたせる根源的な規範原理である理由がここにある。

道徳的な正しさの源泉となるのは、二つのものごとの価値が釣り合う、ということなのだ。だからこそ、根源的で普遍的な規範原理は応報論のかたちをとるのである。

†応報論は人間にとってもっとも親密な道徳原理である

歴史的にみても、応報論は私たち人間がもっとも長く慣れ親しんできた道徳的な原理である。

たとえば応報論といえば「目には目を、歯には歯を」ということばを思い浮かべる人も多いだろう。

これは、古代メソポタミア文明に伝わる慣習を成文化した「ハンムラビ法典」の第一九六条にあるとされることばである。ハンムラビ法典が成文化されたのは、推定で紀元前一八世紀のことだ。

もともとその条文は「目を傷つけられたら、相手の目を傷つける以上の報復はしてはならない」ということをさだめたものだった。それだけ人はやられたこと以上の報復をしてしまいがちだということだ。いわゆる「倍返し」である。目を傷つけられたら、相手の目を傷つけるだけではあきたらず、耳や鼻も傷つけようとする。すると相手のほうもさらにこちらの腕や足を傷つけようとしてくる。こうして報復がエスカレートし、際限のないものになってしまいかねない。それを抑えようとしたのがハンムラビ法典のその条文の意図だった。

ただ、現代ではその意図が単純化されて、シンプルに報復を認めたことばだと一般的には理解されている。どちらにせよ含意されているのは、「やられたら（同じ分だけ）やりかえす」「他人に危害をあたえた者は同じ分の危害を受けることでそれをつぐなう」ということが正義である、ということだ。応報論的な規範原理は人類社会においてそれだけ古くまでさかのぼることができるということである。

この応報論は『旧約聖書』にも引き継がれている。

だれでも、人を殺したものは必ず殺されなくてはならない。家畜を殺したものは代わりの家畜によって償わなければならない。もし人がその隣人に傷を負わせるなら、その人は自分がしたと同じようにされなくてはならない。すなわち、骨折には骨折、目には目、歯には歯をもって、人に傷を負わせたように、自分にもされなければならない（『レビ記』第二四章）。

ここでは明確に同害応報の原理が提唱されている。カントが死刑を肯定したときも、この同害応報の原理が論拠となっていた。

人によっては、応報論といえば『旧約聖書』よりも『論語』のことばのほうがなじみ深いかもしれない。「己の欲せざるところは人に施すことなかれ」（『論語』顔淵第一二・衛霊公第一五）ということばだ。「自分がされたくないことは人にしてはいけない」と説くこのことばもまた、道徳がなりたつための根源的な規範原理をあらわしている。カントが示した定言命法の根本法則にも通じる規範原理だ。その根源性が『論語』を普遍的な書物へと高めているのである。

注意したいのは、応報論は決してネガティブな禁止の命法としてのみあらわされるわけではない、ということだ。

ネガティブな禁止の命法というのは、これまでみてきたような「他人にされたくないことは自分もするな」「自分がされたくないことを他人にしたら、それが自分に跳ね返ってくることを覚悟しろ」といった命法のことだ。「目には目、歯には歯をもって償うべし」という応報刑論もこれに当たる。

そうした禁止の命法だけでなく、よいおこないを勧めるポジティブな命法としても応報論はあらわされる。「情けは人の為ならず」（人に親切にすれば、それは相手のためだけでなく、めぐりめぐってよい報いとなって自分に跳ね返ってくる）ということわざはその一例だ。ほかにも『新約聖書』にはこうある。

人にせられんと欲することは、人にもまたその如くせよ（『マタイによる福音書』第七章）。

人にしてほしいと思うことを他人にもせよ、と命じるこのことばは、のちのキリスト教的人道主義の基盤となった。その人道主義が、現代のキリスト教文化圏の国における死刑廃止の一つの背景になっているという側面はやはりあるだろう。

その点でいえば、応報論は死刑肯定の論拠にもなりうるし、死刑反対の論拠にもなりうる。それだけ応報論は根源的で普遍的な道徳原理だということだ。実際、その原理がさし示すのは、二つのものごとの価値が釣り合うことが道徳的に正しいことである、という形式的で原初的な法則のみである。

†価値の天秤

こうした根源的な規範原理としての応報論は天秤の比喩であらわすことができるだろう。ここでいう天秤とはもちろん「価値の天秤」である。

その天秤のそれぞれの皿には道徳的に判断されるべきものごとが置かれる。そしてそれらのものごとの価値が釣り合えば道徳的に「正しい」と判断されるし、釣り合わなければ「正しくない」と判断されるのである。

たとえばカントも依拠した応報刑論では、「他人に与えた危害」が片方の皿にのせられて、もう片方の皿には「刑罰としての不利益」がのせられる。そして両者の価値が釣り合い、「刑罰としての不利益」が「他人に与えた危害」と価値的に等しいと思われたときに、その不利益を処罰として与えることが道徳的に「正しい」とされるのである。

あるいは先の例でいうと、「人に親切にすること」が片方の天秤にかけられ、「（親切にされた人が）感謝すること」がもう片方の天秤にかけられる。親切にされても感謝しなければこの天秤は釣り合わない。だからそれは道徳的に「正しくない」とされるのである。

カントにおける定言命法の根本法則（「汝の意志の格率が、つねに同時に普遍的立法の原理として妥当することができるように行為せよ」）が——無自覚的にせよ——前提としているのも、こうした「天秤の釣り合い」にほかならない。

というのも、そこで道徳的に「正しい」とされるのは、「自分がおこなおうと思っていること（汝の意志の格率）」と「誰もがおこなっていいと思えること（普遍的立法の原理）」が一致することであるからだ。

この両者の釣り合いから「自分がされたくないようなことは他人にしてはならない」という応報的な原則がでてくるのである。

応報論にはさまざまな表現のバリエーションがある。「やられたら、やりかえせ」「目には目を、歯には歯を」「己の欲せざるところ人に施すことなかれ」「人にせられんと欲することは、人にもまたその如くせよ」など。

こうした応報論のバリエーションは、「ふたつ（以上）のことがらの価値が釣り合うことが道徳的に正しいことである」という原理をわかりやすい表現で言い換えたものだ。

レオン・ダヴァン「正義」1540-60年に制作
(Photo/Getty Images)

こうした価値の天秤こそ、あらゆる道徳判断に内在している普遍的な原理にほかならない。その価値の天秤が釣り合うか釣り合わないかによって、あることが道徳的に「正しい」か「正しくない」かが判断されるのである。

古代ギリシアやローマの神話にでてくる「正義の女神」はしばしば片手に天秤をもった姿で描かれる。その天秤は、まさにここで「価値の天秤」と呼んでいるものをあらわしている。その天秤が釣り合うかどうかによって、あることが「正しい」か「正しくない」かが判定されるのだ。

価値の天秤は、それがなければそもそも道徳判断がなりたたないものだ。その意味で、価値の天秤は普遍的で根源的なものなのである。

†道徳の判断内容は相対的なものであるということの意味

ただし、価値の天秤において何と何が釣り合うのかという判断は、それぞれの人間や文化、時代などによって異なってくる。

それが、道徳の判断内容は相対的である、ということの意味だ。

たとえば、カントは殺人という犯罪には死刑という刑罰を対置しなくては価値の天秤は釣り合わないと考えた。死刑を肯定する多くの人もそう考えるだろう。

これに対して、死刑に反対する人たちは、殺人という犯罪に対して死刑という刑罰は重すぎる（または軽すぎる）と考える。価値の天秤の片方の皿に殺人という犯罪がのっているとき、もう片方の皿に死刑という刑罰をのせても、両者は釣り合わないと考えるのである。

中国で麻薬を密輸しようとした日本人が死刑に処されるのをまえにして、多くの日本人は「死刑は重すぎる」と考えるだろう。でも、中国では多くの人が両者は釣り合うと考えるかもしれない。

†死刑賛成派と反対派の違いとは何か

言い換えるなら、死刑賛成派と死刑反対派の違いとは、価値の天秤に何をのせたら釣り合うのかという判断をめぐる違いなのである。

死刑賛成派は「あんなひどいことをした以上、死刑になるのは当然だ」と考える。あるいは「遺族の気持ちを考えたら、犯罪者を生かしておくことはできない」と考える。どちらにおいても、犯罪者の命によってでなければその行為はつぐなえない、と判断されているのである。

これに対して、死刑反対論ではしばしば「犯罪者が自分のおかした罪を心から反省して、更生にむけた努力をしているのに、なぜ死刑をするのか?」といわれることがある。「死刑は犯罪者から反省し更生する機会を永遠にうばう刑罰だから、無意味で残酷だ」という主張がなされるときも同じである。そこでは「死によるつぐない」ではなく「心からの反省と更生の努力」こそが、犯罪者のおかした行為と釣り合うと考えられているのである。

ほかにも、死刑反対論ではこういわれることがある。「犯罪者の育った環境が劣悪だったことを考えるなら、死刑は重すぎる」と。

そこでは「誰も生まれながらにして犯罪者であるのではない、育った環境のせいで犯罪にむかってしまうのだ、だから本人だけに罪をすべて負わせて死刑にするのは残酷であり、社会の責任放棄だ」というかたちで、「犯罪者のおかした行為」と「死刑」が釣り合わないと観念されているのである。

もちろん死刑賛成派の人たちはこうした価値判断には反対するだろう。「あんな凶悪な犯罪をおかした以上、いくら心から反省したとしても、それで罪がつぐなえるわけではない」と。あるいは「育った環境が劣悪だった人でもまじめに生きている人はいる、だから育った環境を理由に刑罰を軽くすることはできない」と。

犯罪者のおかした行為に対して、何が価値的に釣り合うのか、死刑賛成派と反対派では判断がまったく異なるのである。

ただし、死刑賛成派においても反対派においても「価値の天秤が釣り合うこと」によって道徳的正しさを考えていることには変わりがない。どちらにおいても「道徳的に正しい刑罰であるためには、犯罪と処罰が価値的に釣り合わなくてはならない」ということが前提とされ、その前提のもとで「何と何が釣り合うのか」という点で意見が異なっているのである。

†道徳の普遍性と相対性をつなぐ価値の天秤

重要なのは、死刑賛成・死刑反対という、相反する道徳判断のあいだでも「価値の天秤」は共通して作用しているということである。

普遍的、というのはそういうことだ。

価値の天秤がなければそもそも何が道徳的に正しいか正しくないかを判断することはできない。それがどのような内容であれ、道徳的に「正しい」とか「正しくない」とかいうことが判断されるとき、そこにはつねに価値の天秤が作用しているのである。

たしかに、道徳的に「正しい」とか「正しくない」とか判断される内容そのものは、時と場合によって左右される相対的なものにすぎない。しかし、そのさまざまでありうる道徳判断はあくまでも価値の天秤から導きだされる。

道徳的な判断が相対的なのは、まさに「天秤の皿に何をのせるべきか」「何と何をのせたら天秤が釣り合うか」ということが、個々人の考えによっても、文化的背景によっても、時代によっても、そのときの状況によっても、異なってくるからにほかならない。

要するに、道徳判断がさまざまでありうること自体が、価値の天秤の存在によって可能となっているのである。価値の天秤によって、道徳の普遍性と相対性は矛盾することなくつながっているのだ。

驚くべき凶悪犯罪者たちの言い分

さらにいえば、価値の天秤の皿にはどんなものでものせられるし、どんなものでも釣り合うと強弁することができる。それほどまでに道徳とは相対的なものであり、また価値の天秤には汎用性があるのである。

たとえばLB級刑務所で服役している美達大和《みたつやまと》が書いた『死刑絶対肯定論』のなかにはこんな記述がある（LB級刑務所とは、刑期一〇年以上というロングの「L」、再犯者または犯罪傾向の進んでいる者を示す「B級」からそう呼ばれている刑務所のこと。つまり凶悪で悪質な受刑者が服役する刑務所のことである)。

無期囚の中で最も多いのが強盗殺人犯ですが、この中で初めから被害者を殺害しようという意志を持って犯行に至った者は少数派です。大概は窃盗(空き巣も含め)に侵入したつもりが、被害者に見付かり、凶行に至ったというのが実情です。(中略)自分が窃盗に侵入したにも拘わらず、被害者に非があるかのように罵倒し、己の罪を認めないという姿は、当所では『当たり前』のことです。

「あんな所にいるからだ」

「向かってくるからだ」

「騒ぐなって言ったのに大声出しやがって」

「盗られたってどうせ会社の物なのに邪魔するからだ。おかげで、こっちがこんな所に長くいることになった。被害者は俺だ」

「俺の人生、なくなったぞ」

こうしたセリフが、受刑者同士の会話に普通に頻出します。

(『死刑絶対肯定論』新潮新書、一一四－一一六頁)

私たちからすれば、犯罪被害者を非難し、自分の犯罪行為を正当化する、凶悪犯罪者たちのこうした言い分は決して受け入れられるものではない。とはいえ、少なくとも本人たちにとっては自己正当化の主張としてそれらは発話されている。

それぐらい、価値の天秤の皿にはどんなものでものせることができるし、またどんなものでも「釣り合う」と強弁することができるのである（「騒ぐなといったのに大声を出しやがった」⇕「仕方なく犯行におよんだ」＝「だから俺は悪くない」）。

それほどまでに道徳は相対的なものだということだ。

†価値のふさわしさをめぐる応報的な観念

しかし、いくらその内容が相対的なものだとはいえ、道徳判断がそもそもなりたつためには価値の天秤の存在は不可欠である。それがなければ「正しさ」を計ることはできないからである。凶悪犯罪者が「自分は悪くない」と強弁するのも価値の天秤にもとづいてだが、それを「ふざけるな」と非難するのも価値の天秤にもとづいてである。

先にみた応報論のバリエーションはその価値の天秤の存在をわかりやすく表現したものにほかならない。「二つのものごとの価値が釣り合うべき」という応報的な観念こそ、あらゆる道徳の根本にあるものだ。

その応報的な観念とは、言い換えるなら「価値のふさわしさ」をめぐる観念である。あるものごととあるものごとを価値の天秤にかけるということは、その両者の価値が互いにふさわしいものなのかを確かめるということだからだ。

私たちが自分に優しくしてくれた人を憎めなかったり、がんばっているのに周りから認められないときに不満を募らせたりするのは、この「価値のふさわしさ」をめぐる応報的な観念が働いているからである。それが満たされたときに、私たちは道徳的な納得や満足を得るのである。

道徳とは相対的なものだ。どんな場合にも当てはまる普遍的な道徳判断というものはない。

しかし、だからといって道徳をなりたたせている根源的な観念（応報的な観念）を否定することはできない。その観念はあらゆる道徳がそれなしでは成立しないという意味で、やはり普遍的なものなのである。

†道徳の問題から政治哲学の問題へ

以上の考察は、死刑の是非を考えるうえでひじょうに重要な帰結をもたらす。

その帰結とは、死刑の是非を道徳的に確定することはできない、という帰結である。道徳とは相対的なものであり、価値の天秤にはどんなものでも乗せられる以上、道徳的には死刑を肯定することも否定することもともに可能である。

事実、凶悪犯罪の被害者の遺族ですら、加害者の死刑を望むこともあれば望まないこともある。

たとえば、一九八三年に生命保険金を目的に実弟を殺された原田正治は、加害者の死刑執行に反対する嘆願書を何度も法務大臣に提出している（加害者は他に二人を殺害）。結局、加害者の死刑は二〇〇一年一二月に執行されたが、その直前には、原田は高村正彦法務大臣（当時）に大臣室で直接面会して、加害者の死刑執行に反対する上申書を手渡してもいる（「弟を殺した加害者と僕」『現代思想』二〇〇四年三月号）。

もちろんこれはレアなケースではあるだろう。それでも、すべての凶悪犯罪の被害者やその遺族がかならずしも加害者の死刑執行を望むわけではないことの一つの事例ではある。それほどまでに人びとの価値観はさまざまであり、道徳は相対的なものであるということだ。

あらゆる道徳命題には究極的な根拠が存在しなかったように、死刑を道徳的に肯定するような究極的な根拠は存在しない。同様に、死刑を道徳的に否定するような究極的な根拠も存在しない。

繰り返すが、これは論理的にいって仕方のないことである。死刑の是非に道徳的な決着がつかないのは、道徳の本質から導きだされる、避けられない帰結なのだ。それを嘆いてみたところで何も始まらない。

では、どう考えるべきか。

道徳の問題としては決着がつかない以上、死刑の是非は政治哲学的に考えられなくてはならない。

死刑の問題とは、凶悪な犯罪に対してどのような刑罰がふさわしいのかという道徳的な問題であると同時に、凶悪な犯罪者を処罰するためにはどのような権力（処罰権）の行使がふさわしいのかという政治哲学的な問題でもある。死刑の是非は道徳的な観点から考察すべき問題であると同時に、権力をめぐる政治哲学的な観点から考察すべき問題でもあるのだ。

道徳的には死刑の是非を確定することができない以上、私たちは問いの仕方を変えるしかない。凶悪な犯罪者を処罰するためにはどのような権力の行使がふさわしいのか。

死刑の問題を政治哲学的に考えることが私たちの最終的なステップとなる。

第4章

政治哲学的に考える

1　公権力と死刑

†「権力は悪だ」という〝結論ありき〟の議論

これまで私たちは死刑の是非を道徳的な観点から考えてきた。それを政治哲学的な観点からあらためて考えるのがこの章の目的である。

「政治哲学的な観点から考える」とは、「犯罪者を処罰するためにはどのような権力の行使がふさわしいのか」という問いとして死刑の問題を考えるということだ。

あらかじめ断っておくと、権力をめぐる問いとして死刑の問題を考えるといっても、私はここで「権力は悪だから、死刑はよくない」という〝結論ありき〟の議論をしたいわけではない。

そもそも「権力は悪かどうか」というのは道徳的な問題設定である。そうした道徳的な問題設定では議論に決着がつかないからこそ、私たちは権力をめぐる政治哲学的な問いへと議論のステージを移してきたのである。道徳をめぐる前章での考察を完全に無視することなしには、「権力は悪だ」ということを死刑の是非の根拠にすることはできない。

さらにいえば、「権力は悪だ」という判断を死刑反対の論拠にすることは論理的にもおかしい。

というのも、死刑もふくめてあらゆる刑罰は権力の行使を前提としているからである。私たちが議論の対象としている死刑とは、公権力による刑罰の一つとしての死刑である。もし「権力は悪だ」ということで死刑に反対するのなら、同じ理由でいかなる刑罰も認められなくなる。

もちろん「権力は悪だから、死刑だけでなくあらゆる刑罰に反対する」という立場もありうるだろう。しかしそれは、「権力は悪」という観念にもとづいて死刑の問題を刑罰一般の問題へと還元してしまう、ウルトラ一般論でしかない。それはラディカルな立場にみえて、知的には空虚な立場でしかない。それは死刑そのものの是非を個別的に問うことができないからだ。

死刑の是非を問うからといって、私たちはなにも刑罰そのものをすべて否定したいわけではないだろう。そうである以上、私たちは犯罪を処罰する公権力の存在そのものは認めなくてはならない。

この点でも、私たちは「権力は悪だから」という〝結論ありき〟の議論をすることはできないのである。

†なぜ死刑においては人の命を奪うことが合法化されているのか

では、私たちはどのようにして権力をめぐる問いに切り込んでいくべきだろうか。死刑を執行するのは公権力である、という事態を正面から考察するためには、何を手がかりにすればいいいだろうか。

死刑とは何か、という地点にさかのぼって、考察すべき問いを探ってみよう。

死刑とは何か。

それは、公権力が処罰のために合法的に人の命を奪うことである。

ここでポイントとなるのは「公権力が」「合法的に」という点である。死刑についての道徳的な考察においては、おもに「処罰のために」「人の命を奪う」という点が問題になった。これに対し政治哲学的な考察においては、「公権力が」「合法的に」という点に焦点が当てられなくてはならない。

この「合法的に」という点をめぐって、ただちに次のような問いが生じてくるだろう。すなわち、死刑においてはなぜ人の命を奪うことが合法化されているのか。

人の命を奪うこと、つまり殺人は、もちろん違法な行為である。私たちは人を殺せば――逃げおおせないかぎり――法にのっとって処罰される。

しかし死刑においてはそうではない。死刑において人の命を奪うことは合法化されている。それはなぜなのか。

この問いが切り口となる。

死刑が合法化されているのは「正しい殺人」だからか

あらためて問いを確認しよう。なぜ死刑においては、人を殺すことが他の殺人とは異なり合法化されているのか。

この問いに対して「死刑は正しい殺人だから」と答えることは正確ではない。

というのも、もし凶悪な犯罪をなした者を処罰のために殺すこと自体が「正しい殺人」として合法化されているのなら、誰が殺したとしても「正しい殺人」として合法化されるはずだからだ。

しかし実際には、処罰のために人を殺すことを権利上認められているのは公権力（国家）だけである。第三者はおろか、その犯罪の被害者遺族ですら犯人を殺すことは認められていない。

死刑において人を殺すことが合法化されていることと、公権力のみがそれをなしうるということは、不可分の関係にあるのである。

†死刑における合法性と正当性との区別

死刑は「正しい殺人」だから合法化されているわけではない。

これは極めて重要な論点だ。

もちろん、処罰のために人を殺すことが多くの人にとって「正しい」と思われることは、死刑が合法化されるうえで大切な基盤ではある。大多数の人びとが処罰のために人を殺すことを「正しくない」と考えるような状況では、たとえ公権力といえども死刑を合法的な制度として定着させることは難しい。大多数の人びとが「こんなことで死刑になるのはおかしい、重すぎる」と思うようなことに対して死刑判決を下すことも難しい。

この点でいえば、死刑の合法性は正当性（処罰のために人を殺すことは道徳的に正しい、と多くの人に思われていること）とまったく無関係に成立しているのではない。

とはいえ、死刑において人を殺すことが合法化されているということ自体は、それが「正しいかどうか」という正当性をめぐる問題とは別の次元にある。繰り返すが、凶悪犯を処罰のために殺すこと自体が「正しい殺人」として合法化されているのなら、誰が殺したとしてもそれは「正しい殺人」として合法的に認められるはずだからだ。

公権力（国家）が行使する「合法的な暴力」が多くの人にとって「正しくないもの」と

してあらわれることはつねに起こりうる。戦争反対の世論が高まるときなどはその一例だ。それでも合法的な暴力は合法なまま行使される。暴力はそれが正しくても正しくなくても合法化されうるのである。

死刑の合法性は死刑の正当性に部分的には依拠しているとはいえ、それとは別の固有のロジックをもつ。合法性と正当性を混同してはならない。

†法を決定することができる公権力

では、なぜ死刑における殺人（処罰のために人を殺すこと）は合法化されているのだろうか。

死刑における殺人が合法なのは、その殺人をおこなう主体と、合法／違法を決定する主体が同じであるからである。つまり、処罰のために人を殺す公権力自身が、その殺人を合法として、それ以外の殺人を違法として決定しているからである。

たとえていうなら、それは集団のボスが「俺がやるのはいいが、他の人間がやるのは許さん」といっているようなものである。

ただし公権力はそれを法をつうじておこなう。法を決定する権限をもつ主体だからこそ、みずからの行為を特別に合法化することができるのである。殺人を合法なものと違法なものとに分ける権力をもつからこそ合法的な殺人をおこなうことができる、といってもいいかもしれない。

したがって、死刑にとって本質的なのは「合法／違法を決定する権力が、処罰のために人の命を奪う権限を保持している」という事態にほかならない。

何が合法で何が違法かを決定しながら処罰のために人の命を奪う権利、これが死刑の基盤となっているのである。決定と執行の一致といってもいいだろう（立法・司法・行政の三権分立はその一致からみれば公権力内部の機能分化にすぎない）。

この決定と執行の一致はもちろん、人の命を奪うことだけでなく暴力（物理的強制力）一般にまで当てはまる。

国家はさまざまな場面で物理的な強制力を行使する。強制捜査、逮捕、拘禁、強制執行などだ。そうした物理的な実力行使が国家の権力（公権力）を支えているといってもいい。もちろんそうした物理的な実力行使は法の名のもとでおこなわれる合法的なものだ。

これに対し、国家ではない組織や個人が同じような実力行使をしたら、それは違法なものとして取り締まりの対象とされてしまう。

なぜ国家がおこなうときは合法で、それ以外の主体がおこなうときは違法なのか。

死刑の場合とまったく同じロジックがここにある。法を決定する権限をもつ公権力だからこそ、みずからの物理的実力行使を合法化できるのである。

†国家権力の特徴とは何か

ここから私たちは、公権力（国家の権力）がどのような点で他のさまざまな権力と異なるのかを理解することができるだろう。

まず、公権力は法的決定をなすことができる。社会のなかで法を制定することができるのは公権力（国家）だけだ。また、何が合法で何が違法かを決定することができるのも公権力（国家）だけである。法的決定を国家は独占している、といってもいいだろう。

一般的にいって、権力の本質は決定することにある。これは公権力だけでなくあらゆる権力にあてはまる本質だ。

たとえば企業の役員たちは企業活動の方針について決定することができる。企業のなかで上司が部下に対してもつ権力は、上司が部下の行動についてその内容を決定し指示をだすことができることによってなりたっている。

人びとが従うべき決定をなすことができること、これが権力を権力たらしめている。ただし、公権力（国家）はその決定を法として、もしくは法をつうじておこなうことができる。それができるのは公権力だけだ。そこに公権力の第一の特徴がある。

もう一つ、公権力（国家の権力）には大きな特徴がある。その特徴とは、みずからの決定に人びとを従わせるための手段として暴力（物理的強制力）をもちいることができるという点だ。

公権力は法に従わない人間を逮捕したり、拘禁したり、懲役刑をあたえたり、死刑にしたりすることができる。このように、人びとを決定に従わせるための手段として（すなわち決定を貫徹するための手段として）暴力をもちいることができるのは公権力（国家）だけである。

たとえば企業の経営者はみずからの決定に従業員を従わせるために、給料を下げる、昇格させない（降格させる）、閑職に異動させる、解雇する、といった手段をとることができるが、暴力をつかうことはできない。たしかに職場によっては部下に暴力をふるう上司もいるが、それはあくまでも部下が泣き寝入りしているだけで本来は違法である。

権力の手段として暴力（物理的強制力）を合法的にもちいることができるのはあくまでも公権力だけだ。その点にこそ公権力の特徴がある。

以上の二つの特徴はもちろん互いに結びついている。

法的決定が実効的なものとなるのは（つまり公権力が人びとを法に従わせることができる

のは）最終的には暴力（物理的強制力）という手段によってである。と同時に、手段としての暴力（物理的強制力）は法によって合法化され、他の暴力とは区別された特別なものとなるのである。

†公権力の側からみた死刑とは

公権力がもつこうした特徴から、死刑についてどのようなことがいえるだろうか。

まずいえるのは、公権力の側からみれば、死刑もまた他の刑罰と同様に、みずからの決定（つまり法）に人びとを従わせるための手段の一つである、ということである。

死刑は公権力にとって、正義を実現するためのものであるより前に、人びとをみずからの決定に従わせるための手段である。死刑が合法化されているのは、その（道徳的）正当性とは区別される固有のロジックにもとづく、ということをここであらためて確認しておこう。公権力が暴力（物理的強制力）を手段としてもちいるのは、第一義的にはみずからの決定（法的決定）を貫徹するためであった。死刑もまたそうした手段の一つにほかならない。

たしかに死刑は法に背いた人間の存在そのものを抹消するという点で、権力の手段のなかでも特殊で、かつ究極的な手段ではある。とはいえ、それによって死刑が法を貫徹し、法的秩序を維持するための手段であることをやめるわけではない。

死刑は人の命を奪う刑罰なので、どうしても「あんなひどい犯罪をなした以上、死刑になるのは当然だ」とか「自分のおかした罪に向き合い、心から悔い改めるために、死刑は避けるべきだ」というように、その刑罰が道徳的に妥当かどうかという点にばかり目がいってしまう。

しかし、もっと手前のところで、その発動形態だけをみるならば、死刑とはあくまでも、公権力の決定（法的決定）に従わない人間に対して発動される暴力（物理的強制力）の一つのあり方にほかならないのである。

このことは政治的な犯罪、なかでも国家反逆罪が刑罰においてどのように処されてきたのかをみるとよくわかるだろう。

政治的な犯罪とは、公権力が維持している法秩序そのものを、もしくは公権力そのものを攻撃し、破壊し、打倒しようとする犯罪のことだ。そこにあるのは、公権力による特定の決定への違反ではなく、公権力そのものに対する挑戦である。

近代国家が成立して以降の歴史にかぎってみても、そうした公権力そのものを破壊しようとする政治的犯罪は、通常の犯罪にくらべて（たとえ誰も殺していなくても）死刑に処される傾向が高かった。日本でも一九一一年に幸徳秋水らが処刑された大逆事件などの事例がある。

現代の日本においても、外国と通謀して日本に対し武力攻撃をさせる外患誘致罪の法定刑には死刑しかない。また、海外でも、通常犯罪に対する死刑は廃止しても、軍法下の犯罪などに対しては死刑を存置している国はいくつもある（ブラジルなど）。

こうしたことは、死刑が公権力にとって本来的にはどのようなものなのかということを私たちによく理解させてくれるだろう。

公権力はみずからを維持し、みずからの決定を貫徹するために暴力という手段をもちいる。その一つの究極的なかたちが死刑なのである。

†死刑が一方的なものになる可能性

公権力の特徴からはさらに、死刑がつねに公権力による一方的な措置になる可能性もうまれてくる。

これは、法を決定する主体が同時に死刑をおこなう主体でもあるということからくる、必然的な帰結だ。暴力という手段を保持した公権力がみずからの法的決定を人びとに一方的に押し付けるという構図から死刑は逃れられないのである。

もちろん、つねに一方的なものになりうるという性格はあらゆる権力の実践に当てはまるものだ。

会社の決定は従業員にとってつねに一方的に押し付けられるものでありうるし、上司の決定も部下にとってはつねに一方的なものでありうる。理不尽なものであることすらあるだろう。

権力は、決定する主体がその決定に人びとを従わせる手段も保持しているからこそ権力なのであり、その構造からして、それが一方的なものになるという可能性を排除できないのである。

このことは当然、公権力においても変わらない。

たとえ公権力の決定が民主的な決定プロセスにのっとったものであっても、それが一方的なものになるという可能性はなくならない。統治には統治の論理があるからだ。たとえ多くの人が増税に反対しても、財政的に必要だと政府与党が判断すれば増税されることがあるように。

事実、死刑をめぐっては、これまでも公権力の決定は一方的なものではないかという批判が何度もあがっている。

といっても、それは死刑に反対する立場からの批判ではない。「なぜ死刑にしないのか」という、より厳しい刑罰を求める立場からの批判である。

日本で裁判員裁判が導入される以前、プロの裁判官だけでおこなう刑事裁判では、死刑判決の「相場」というものが基本的にきまっていた。「殺害された被害者が三人以上であれば原則的に死刑、二人の場合は計画性や金銭目的の有無などから死刑にするかどうかを判断、一人であれば原則として死刑は適用しない」という「相場」である。

こうした「相場」は刑事司法における（プロの）裁判官たちの長年の経験と考慮が積み重ねられるなかで確立されてきたものであり、刑事司法の運用の観点からも法的な安定性の観点からもそれなりに理のあるものだった。

しかしそれは、凶悪犯罪を前にした人びとの処罰感情からするとしばしば「甘い」と思われてきたのである。たとえば残忍な殺人事件であっても、殺害された被害者が一人であれば死刑判決はくだされず、多くの人が「裁判所は凶悪犯罪に対して甘い」という思いをもった。

そこからでてきたのが「あんなひどいことをしたのに、なぜ裁判所は死刑にしないのか」という裁判所への批判である。「世間知らずのエリートである裁判官は国民の感情を無視して一方的に刑罰を決定している」ということがさかんにいわれた。そうした裁判所への不信感を払拭するために導入されたのが裁判員制度である。

このように、死刑をめぐっても公権力の決定と人びとの意向が一致せず、その結果、公権力の決定が人びとにとって一方的なものになることはつねに起こりうるのである。

もちろん、一方的なものになるといっても、それは必ずしも「権力の抑圧」としてのみあらわれるわけではない。死刑をめぐる右の事例のように、「権力の不足」として（すなわち、もっと厳しい権力の行使を求める声として）あらわれることもある。その点は注意しておこう。

†「権力関係なき社会とは、たんなる抽象でしかない」

あらためて断っておこう。公権力の観点から死刑とはどのようなものかを確認したからといって、私はなにも「死刑は公権力による支配の究極的な手段であるから問題だ」とか「死刑制度を存置することは、公権力が人びとを殺す権利を保持することになるから反対だ」といったことを主張したいわけではない。

こうした主張は「権力＝悪」という価値判断からしかでてこないものだ。そうした価値判断には立脚しない、というのがこの章での考察の出発点だった。

そもそも「権力＝悪」という価値判断はどこまで妥当なものだろうか。

たしかに権力は人びとを決定に従わせようとする。決定に従わせるために相手が嫌がる手段をもちいさえする。しかし、人間が集団や組織のもとで生活しているかぎり、集団や組織の決定に人びとを従わせる権力というものを社会からなくすことは不可能だ。

ミシェル・フーコーは二〇世紀後半のフランス現代思想界において権力論を刷新し、さまざまな学問分野に大きな影響をあたえた哲学者だが、彼は「〈権力関係なき〉社会とは、たんなる抽象でしかありえない」「権力諸関係なき社会はありえない」と述べている（「主体と権力」『ミシェル・フーコー思考集成IX 1982-83 自己／統治性／快楽』、筑摩書房、訳を少し変更）。

その通りだと私も思う。

実際、反権力を掲げて政府の政策に反対したり反政府活動をおこなったりする集団や組織が、その内部ではじつはきわめて権力的である、という事態を——身近な現代史にかぎってみても——私たちはいやというほどみてきたはずだ。反権力を掲げたり、反権力を心掛けたりすれば権力をなくせると考えるのは、フーコーのいうように単なる夢想でしかない。

たとえ自分自身は権力とは無縁の生活を送っていると思いこんでいる場合ですら、その「権力とは無縁の生活」そのものが実際には権力（たとえば公権力による治安維持活動）に支えられている。権力によって何らかの保護を与えられないかぎり、「権力とは無縁の生活」はそもそも成立しないからだ。

フーコーが指摘するように、権力はどんなにささいな人間関係においても発生しうる。それに無自覚なまま「自分は権力とは無縁だ」と考えてしまう人間には、そもそも権力について論じる資格はない。

権力を社会からなくすことは不可能である。そうである以上、権力そのものを悪だといって議論を組み立てることには意味がないのである。

†「国家なき社会」という妄想

さらに、国家をなりたたせている公権力についていえば、社会のなかに公権力が存在することは望ましいことですらある。

公権力とは法的決定を独占した権力のことだ。その公権力が存在しなくなるということは、論理的にいって、人びとが何をしても違法ではなくなり、それを法的に取り締まる機関も存在しなくなる、という状態を意味する。それは完全な自力救済の世界であり、要するに弱肉強食の世界である。

そんな世界は望ましくもなんともない。

しばしば知識人があたかもすばらしいことのように「国家なき社会」「政府なき世界」をめざすべきだと論じることがある。

しかし、「国家なき社会」「政府なき世界」とは、論理的にいって、法的決定を独占した公権力が存在せず、人びとが何をしても、それを法的に取り締まる機関がなくなった社会でしかありえない。

そうした「国家なき社会」の完全自力救済の状況でまっさきに滅びるのは、言論の世界にあぐらをかき、自力救済の方途をなんらもたない知識人たちである。彼らはなぜ自分たちが滅びる世界を望ましいと考えるのか、謎である。

†公権力のあり方として望ましいのはどちらか

したがって、死刑が公権力の究極的な手段であるからといって、それだけでは「死刑はよくない」ということにはならない。

また、公権力による法的措置がつねに一方的なものになりうるからといって、それだけでも「死刑はよくない」ということにはならない。物理的強制力をともなうその一方的な法的措置がなければそもそも犯罪の処罰がなりたたないからだ。

社会から権力をなくすことは不可能であり、公権力をなくすことも望ましくない以上、論理的にいって私たちにできるのは、公権力の存在を前提としたうえで、どのような公権力のあり方がより望ましいのかを死刑との関係で問うことである。

公権力のあり方として、死刑の権限を保持している公権力と保持していない公権力のどちらが望ましいのか。

これが考えるべき問いである。

もちろん、この問いに関していえば、公権力が独裁的になり、権力者の恣意で死刑がおこなわれるような状況は、公権力のあり方としてもっとも避けるべきものである。とはいえ、そうした独裁的な政治体制では、死刑そのものをどうするかという問題よりも独裁的な状況をどうするかという問題のほうが重要となる。独裁的な政治体制では、そもそもその独裁的な状況を変えないかぎり死刑をどうこうすることもできないからだ。

したがって考えるべきは、独裁的な政治体制でない場合でも、さらにいえば民主的な政治体制における場合でも、死刑の権限を保持している公権力と保持していない公権力のどちらが望ましいか、という問いとなる。

2 冤罪の何が問題なのか

†冤罪の問題の重要性とは

この問いにおいて決定的に重要となるのは冤罪の問題である。

なぜなら冤罪は死刑と決して両立しえないからだ。もし冤罪で死刑判決が確定し、死刑が執行されてしまえば、それは本当に取り返しのつかないことになってしまう。刑罰の目的は実際に犯罪をおかした人間を処罰することにある。無実である人間を有罪として処罰してしまう冤罪は刑罰の目的そのものを裏切るものだ。

それゆえ公権力は、刑事司法において冤罪がおこらないよう最大限の注意を払わなくてはならない。それは、公権力が刑罰の目的を守るためにこそ必要なことである。

問題は、それによってどこまで冤罪の可能性をなくせるかということだ。もし冤罪の可能性を公権力は除去できないということであれば、それは公権力が死刑の権限を保持することを決して正当化しないだろう。

また、戦後日本においていくつもの冤罪事件が生じたことからわかるように、冤罪は民主的な政治体制においても生じうる。国民が裁判に参加する裁判員裁判ならば冤罪は生じない、という保証もない。

したがって考えるべきは、冤罪は公権力の行使における単なるミスとして考えられるものなのかどうか、ということになる。

もし冤罪が単なるミスとして考えられるものならば、冤罪の問題は死刑そのものの是非からは切り離されうる。その場合は、刑事司法においてミスが極力おこらないよう努力していけばいいからだ。

しかし、冤罪が公権力の特徴から直接生まれてくるものであるならば、冤罪は死刑の是非にじかにかかわってくることになる。その場合は、刑罰を与える公権力の活動のなかに避けがたく冤罪の可能性が含まれることになり、死刑は構造的に冤罪の可能性を排除できないことになるからだ。

もちろんこの場合は、死刑以外の刑罰においても冤罪の可能性はつねにつきまとう。しかし、死刑以外の刑罰においてはやり直しや補償が曲がりなりにもきく。冤罪で死刑が執行されてしまえば、どうあがいてもやり直しや補償はできない。

死刑と冤罪の関係は、他の刑罰と冤罪の関係とは比べものにならないほど特別なのである。

†冤罪をミスと考える死刑論は少なくない

では、冤罪は公権力の行使における単なるミスと考えられるものかどうか。

冤罪を単なるミスと考える死刑論は少なくない。

たとえば小浜逸郎《こはまいつお》は『なぜ人を殺してはいけないのか』（ＰＨＰ文庫）の「第九問　死刑

は廃止すべきか」のなかで、「冤罪の可能性は死刑廃止の根拠にはなりえない」（二一一頁）と述べている。なぜなら「冤罪問題にかかわる問題形式とは、いかにしてミスを極力防ぐかということ」（二一二頁）であり、それは「死刑制度そのものを廃止すべきかいなかという問題とは直接関係しない」（二一三頁）からである、と。

たしかに、冤罪が単なるミスとして考えられるのであれば、小浜のこうした立論は妥当だといえるだろう。

しかし、本当に冤罪が単なるミスとして考えられるものなのか、それとも刑罰を与える公権力の活動に構造的に含まれてしまうものなのか、という検討を小浜はこの論考のなかで一切していない。その論考を読むかぎり、「冤罪問題にかかわる問題形式とは、いかにしてミスを極力防ぐかということ」という小浜の指摘は、ただの根拠のない断定にしかなっていないのである。

小浜はみずからの議論を補強するために、加藤尚武のつぎのような議論を援用している。

この問題は、一般的にいうと「××には弊害があるから、弊害を除去すべきだ」というのは正しい判断形式だが、「××には弊害があるから、廃止すべきだ」というのは正しい判断形式ではないというように公式化することができる。／たとえば……自動車に事故死という弊害があるならば、その弊害を除去すべきであって、「自動車そのものを廃止せよ」という結論を出すことは論理的な必然ではない（『応用倫理学のすすめ』丸善、一一四頁）。

この加藤の議論も、しかし、冤罪が公権力の運用にとって外在的な（つまり除去できる）ミスとして考えられるかぎりでしかなりたたない。加藤の提示する「××には弊害があるから、弊害を除去すべきだ」という判断形式が「正しい」とみなされるのは、あくまでもその弊害が除去できるものであるかぎりにおいてである。もし公権力による犯罪の処罰が冤罪の可能性を避けがたく呼び寄せてしまうのであれば、この加藤の議論を死刑の問題に援用することはできない。

一般に、あるものに弊害があると認められるとき、「そのもの自体を廃止すべきか、あるいはその弊害を除去すべきか」という問題は、「そのものにどれぐらい有用性があるのか」という問題と「その弊害がどれほど除去できるものなのか」という問題との兼ね合いによって決められる。

引用文における自動車事故の例でいうなら、自動車は現代人の生活にとって必要不可欠なものであるということと、事故死という弊害は交通ルールの厳格化や罰則の強化などによってある程度除去しうるものであるということがともに考慮に入れられている。実際には、その両方の兼ね合いのもとで、「自動車そのものを廃止せよ」という結論がしりぞけられているのである。

もし、あるものの有用性があまりなく、逆にそこから生じる弊害が深刻で、除去できないものであるならば、そのもの自体が廃止されることになるだろう。

たとえばブロンプトン・カクテルという鎮痛剤がある。これはモルヒネやコカイン、アルコール、クロロホルムを混合した鎮痛剤で、一時は最強の苦痛緩和剤といわれ、末期がん患者の痛みを緩和するためにもちいられた。しかしその後、意識の混濁をもたらしたり死期を早めたりするという副作用があり、かつモルヒネ単独の投与でもブロンプトン・カクテルと同等か、またはそれ以上の鎮痛効果があることが認められるようになったことから、ブロンプトン・カクテルの使用は推奨されなくなった。つまり、ブロンプトン・カクテルでなければならないという有用性が低下し、かつ深刻な副作用という弊害が除去できないものであることから、そのもの自体が廃止される方向にむかったのである。

したがって、私たちとしてはやはり、冤罪が本当に単なるミスとして（すなわち除去できる弊害として）考えられるものなのか、それとも刑罰を与える公権力の活動が避けがたく呼び寄せてしまうものなのか、あらためて考察する必要がある。小浜のように、冤罪を根拠なく「ミス」と断定して議論を進めることはできないのだ。

✝公権力の自己防衛としての冤罪の可能性

このときポイントとなるのは、公権力の自己防衛として冤罪がうみだされることがあるのかどうか、ということである。

もちろん「公権力の自己防衛」といっても、ここで想定されているのは「公権力がみずからを守るために冤罪でもいいから政治犯を取り締まる」ということではない。そういったことがありうることももちろん否定しないが、それよりもここで重要なのは「公権力が〝法的秩序の守護神〟としてのみずからの権威を守ろうとした結果、冤罪がうまれてしまうことがないかどうか」ということである。

たとえば、公権力は犯罪（つまり法律違反）を取り締まり、処罰することによって法的秩序を維持する。だから、重大な犯罪があっても犯人を検挙できなかったり、有罪にもち込めなかったりして、重大犯罪をことごとく取り締まることができなければ、公権力は「無能」「吠えない番犬」などの批判を浴びて、みずからの権威を失墜させてしまうだろう。

そうした事態を避けるために、公権力は無理をして犯人を検挙したり、有罪にもち込もうとしたりして、冤罪がうみだされることはないのかどうか。

あるいは、公権力がみずからの無謬性を護持しようとした結果、冤罪がうみだされてしまうという事態も想定できる。

公権力は法的決定を独占的におこなう。だからこそそれは公的な権力であるわけだが、その権威が保たれるためには、下される法的決定がいいかげんであったり、ころころと変わってしまったり、根本的にまちがっていたりしてはならない。つまり、公権力による法的決定にはそれ相応の無謬性が求められるのだ。

その無謬性を公権力が護持しようとするあまりに、起訴をした検察の判断や、有罪判決を下した裁判所の判断に誤りがある可能性があったとしても、それをなかなか公権力が認めようとせず、検察の判断や裁判所の判断が押し通されて、冤罪がうみだされることはないのかどうか。

こうした公権力の自己防衛として冤罪がうみだされてしまう可能性こそ、ここで考察すべきものである。

もしそうした可能性が認められるなら、それは公権力の活動そのもののなかに（公権力が公権力であろうとする活動そのもののなかに）避けがたく冤罪を招いてしまう傾向があることになる。その場合、単なるミスとして冤罪を考えることはできなくなる。

†足利事件を例として

では、実際にはどうなのだろうか。

例として、冤罪事件となった「足利事件」をとりあげよう。この事件では、容疑者として逮捕された菅家《すがや》利和《としかず》に対して裁判で無期懲役が確定したが、のちに無実であることが明らかになり、その後の再審で無罪が確定した。

まずは事件の概要をふりかえっておこう。

事件が発生したのは一九九〇年五月一二日の夕方である。父親がパチンコをしているあいだに当時四歳の女児が行方不明になった。翌日、女児は同市内の渡良瀬川流域で遺体となって発見された。栃木県警は足利警察署に捜査本部を設置し、一年間で延べ三万六〇〇〇人もの捜査員を動員したといわれるほどの大規模な捜査を展開した。その結果、事件から約一年半後の一九九一年一二月二日、栃木県警は菅家利和を殺人、死体遺棄罪の容疑で逮捕した。

逮捕の決め手となったのは、女児の下着に付着していた精液のDNA型や血液型が菅家のものと一致すると、DNA鑑定をおこなった警察庁科学警察研究所（科警研）が断定したことだった。

表2　足利事件関連表

西暦	月日	出来事
1990	5.12	足利市内のパチンコ店で４歳の幼女が失踪　翌日、遺体発見
1991	11.25	DNA鑑定を実施した科警研が結果を報告
1991	12.2	殺人容疑で菅家を逮捕
	12.21	菅家を起訴
1992	2.13	宇都宮地裁で公判開始
1993	7.7	宇都宮地裁で無期懲役の判決　翌日控訴
1996	5.9	東京高裁、控訴を棄却　即日上告
2000	7.17	最高裁第２小法廷、上告を棄却
2002	12.25	宇都宮地裁に再審請求
2008	2.13	宇都宮地裁、再審請求を棄却
	2.18	東京高裁に即時抗告
	12.24	東京高裁、DNA再鑑定を決定
2009	5.8	２人の鑑定人、いずれもDNA型不一致との鑑定結果を提出
	6.4	検察が刑の執行を停止　菅谷釈放
	6.23	東京高裁、再審を決定
	10.21	宇都宮地裁で再審初公判
2010	3.26	宇都宮地裁、再審無罪判決

逮捕後、菅家自身も警察の厳しい取り調べによっていったんは容疑を認めてしまう。

菅家はわいせつ誘拐、殺人、死体遺棄罪で起訴され、一九九三年七月七日に宇都宮地方裁判所から無期懲役の判決を下された。その後、菅家は控訴・上告するが、いずれも棄却され、二〇〇〇年七月一七日に無期懲役が確定する。菅家は千葉刑務所に服役した。

その菅家が、冤罪の疑いがきわめて高いという理由から釈放されたのは二〇〇九年六月四日のことである。

釈放の決め手となったのは、同年四月の東京高等裁判所での即時抗告審において、女児の下着から抽出されたＤＮＡ型と菅家のものが一致しないという鑑定結果が弁護側から提出されたことだった。

それを受けて再審公判が同年一〇月二一日に開始された。菅家が釈放されて四カ月後のことである。つまり検察は、再審がなされるまえに、最高裁で判決が確定した刑の執行を停止し、菅家を釈放したことになる。

これは極めて異例なことである。それだけ決定的な冤罪事件だということを検察も認めたということだろう。

結果として、菅家は一七年ものあいだ無実の罪で拘禁された。

再審では、第六回公判で検察側から無罪の論告がなされ、二〇一〇年三月二六日の第七回公判で菅家に無罪が言い渡された。これによって公式に「足利事件」が冤罪事件であったことが認められた。

†冤罪につきものの強いられた「自白」

この「足利事件」から冤罪のどのような問題点が浮かびあがってくるだろうか。

ここでは二つの問題点をとりあげよう。一つは「自白」の問題、もう一つは再審の壁の問題である。

まずは「自白」の問題からみていこう。

菅家は取り調べの過程でいったんは容疑を認めてしまう。そして、犯行を認める上申書を提出してしまう。菅家は一審の公判の途中からきっぱりと容疑の否認に転じたとはいえ、なぜ当初は自分がやってもいない犯罪を認めてしまったのか。

これについて菅家は釈放後の記者会見でこう述べている。「刑事たちの責めがものすごいんです。『おまえがやったんだ』とか『早く話して楽になれ』とか、そういうふうに言われまして……自分は『やってない』と言ったんですけども、全然受け付けません」。

菅家に対する過酷な取り調べは一日一五時間近くにおよんだという。なかなか容疑を認めない菅家に対して、足を蹴る、髪の毛をつかむ、などの暴行もなされたという。

その結果、菅家は取調官のいうがままに容疑を認めてしまう。容疑をなんとか否認しつづけようとした菅家だったが、最後は過酷な取り調べの圧力に屈してしまったのである。

こうした「自白」の強要は他の冤罪事件の多くでもみられるものだ。

たとえば、二〇一二年に発生した「パソコン遠隔操作事件」は記憶に新しい。

この事件では、二〇一二年の夏から秋にかけて、政府や自治体、幼稚園などの公式サイトに無差別殺人や爆破をおこなうという予告が送られ、四人の男性が警察によって逮捕された。その後、この四人は真犯人によってパソコンを遠隔操作され、なりすましの対象とされたことが明らかになり、誤認逮捕だったということが判明。警察庁長官が謝罪した。

ただ、このときは四人のうち二人が、取り調べの過程で「全面自白」している。本人たちは犯行と何の関係もなかったのだから、この「自白」は捜査当局によって強いられたものだといわざるをえない。

†なぜ人は「自白」してしまうのか

もしかしたら読者のなかには、警察の取り調べの過程でやってもいないことをやったと「自白」してしまうことを不思議に思う人もいるだろう。刑罰に処されることがわかっていながら「自白」するということは、やはり実際に犯罪をおかしているのではないか、と疑う人もいるかもしれない。

しかし、取調室という密室のなかで、取調官に圧倒されながら、長時間、一方的に犯人だと責めたてられたら、どれほどの人が否認を貫くことができるだろうか。刑事司法や警察の取り調べに対してよほどの知識と精神力がないかぎり、多くの人は取調官のいうとおりの供述をすれば楽になれると思ってしまうにちがいない。

この事件とは関係ないところでだが、小田中聰樹《おだなかとしき》は『冤罪はこうして作られる』（講談社現代新書）のなかで次のようなベテラン刑事の発言を紹介している。

人間はな、そんなに強いもんではないよ。細かな所はどうでもいい、キメ手などは出さんでもいい、ただ殺しを自供させてくれ、と被疑者をあてがわれれば、三人でも四人でも同じように自白させてみせるよ。今どきそんなことが、という顔をしているナ。何ならやってみるか。お前さんでもいいよ。お前んとこは刑事の手の内を多少聞きかじっているから、少しゆとりを見て、そう三日でいい。三日あったら、お前に殺人を自白させてやるよ。三日目の夜、お前は、やってもいない殺人を、泣きながらオレに自白するよ。右のとおり相違ありません、といって指印も押すよ（二一二－三頁）。

恐ろしい発言である。しかしこれが、密室で圧倒的な力関係のもとで責めたてられたときの人間のリアルな姿なのだろう。

†再審公判で再生された取り調べの録音テープ

菅家が釈放されたあとの再審公判では、この事件を担当した森川大司検事による、当時の取り調べの録音テープが再生された。そこには、菅家がどのように「自白」するに至ったのか、その様子の一端がおさめられていた。

その取り調べは検事による取り調べだったので（警察による取り調べではなかったため）、さすがに乱暴な言動の跡はみられない。しかしそれでも、検事の執拗かつ巧みな追及によって、菅家は容疑を認めてしまう。

もちろん素直にではない。いったんは菅家も否認に転じている。警察での取り調べで容疑を認めてしまったのは、警察が怖かったから、とも訴えている。

それに対して、検事はあくまでも「DNA鑑定の一致」などの証拠を示し、執拗に否認を撤回させようとする。その厳しい追及に菅家は、なぜDNA鑑定が一致したのかわからず混乱し、次第に涙声になっていき、最後には泣きながら容疑を認めてしまう。それでも検事は追及をやめることなく、容疑を否認したのはウソだったということを何度も認めさせている。

驚くべきことに、この録音テープによれば、菅家は警察に対して別の二つの女児殺害事件についてもいったんは犯行を認めていた。それだけ警察の取り調べが厳しかったということだろう。

結果的にその二つの女児殺害事件については証拠不十分ということで起訴はされなかった。しかし、もしいくつかの「それらしい状況証拠」が重なることでもあったなら、菅家はその二つの事件でも起訴され、死刑判決を受けていたかもしれない。

†単なる捜査ミスとは考えられない虚偽の「自白」

こうしてみてくると、冤罪における虚偽の「自白」の問題は、どうも公権力の行使における単なるミスとは考えにくいものであることがわかる。

それはミスというよりは、捜査当局の使命感から生じてしまうものだ。「重大事件の犯人をなんとしても捕まえなくてはならない」「容疑者をなんとしても起訴して、有罪判決にもちこまなくてはならない」という捜査当局の使命感である。そうした強い使命感があるからこそ、捜査当局は犯人だとみなした人間を厳しく追及し、なんとかして犯行を認めさせようとするのであり、その結果、場合によっては虚偽の「自白」をも導きだしてしまうのである。

もちろんそこには捜査機関としてのメンツもたしかにからんでいるだろう。実際、重大事件の犯人を逮捕できなかったり、たとえ容疑者を逮捕しても起訴できなかったり、裁判で無罪判決が下されたりすれば、捜査当局のメンツは丸つぶれだ。メンツということでいえばさらに、他の道府県警とのライバル関係や、警視庁と警察庁とのライバル関係も作用しているかもしれない。

とはいえそれは、捜査当局が自分たちのメンツを守るために故意に「自白」を捏造する、ということをかならずしも意味しない（そういうこともないとはいえないが）。虚偽の「自白」がつねに捜査当局の故意によって捏造されたものであるならば、問題の根はむしろ浅いといえるだろう。

問題の根は、逆に、捜査当局がみずからの使命と正義感に忠実なあまり、知らず知らずのうちに虚偽の「自白」を導きだしてしまうことにこそある。

メンツを守ろうとする場合でも同じだ。問題の根は、捜査当局がみずからのメンツを守るために必死になって犯罪を捜査し、容疑者を起訴しようとした結果、知らず知らずのうちに虚偽の「自白」を容疑者に強要してしまうことがあるということにこそある。

そこでは、みずからの職務に忠実であることが、かえって虚偽の「自白」を見抜けなくしてしまうのである。「こいつは否認しているが、本当はやったにちがいない」「絶対にこいつに自白させて、起訴にまでもちこんでやる」という使命感のまえでは、「自分たちはもしかしたら勘違いをしていて、犯人ではない人間に虚偽の自白を強要しているかもしれない」という意識はきわめて希薄になるだろう。それどころか、容疑者が「自白」をすれば、「やっと落ちた」「自分たちはしっかりと使命を果たした」という気持ちになるにちがいない。

もちろん、捜査当局が厳しく追及したことで得られた自白のすべてが虚偽だということではない。それどころか、自白の多くは事件の真相の解明に役立っているだろう。逆にいえば、だからこそ、捜査当局が虚偽の「自白」を時として導いてしまうことがあっても、なかなかそれを虚偽と認めることができないのである。

当然ながら、犯人は逮捕や起訴を避けるために、そう簡単には本当のことをいわないだろう。だから捜査当局は、犯人から供述を引きだすために、目のまえの容疑者を多かれ少なかれ厳しく追及せざるをえない。その結果、捜査当局は知らず知らずのうちに虚偽の「自白」を強要してしまうことがあるのである。

虚偽の「自白」を導いてしまう危険性は、犯罪を取り締まる捜査当局の活動そのもののなかに避けがたく含まれているのだ。

そうである以上、冤罪の可能性もまた避けがたくそこには含まれていることになる。構造的に、冤罪の可能性を公権力の活動は排除できない、ということだ。

†虚偽の「自白」の危険性をなくすことはできるか

もちろん、虚偽の「自白」を導きだしてしまう危険性を極力小さくしていくことは可能だろう。

たとえば、自白偏重の刑事司法のあり方をあらためていったり、取り調べの様子を録音または録画することによって取り調べを「可視化」していったり、という対策だ。これらの対策は、虚偽の「自白」を防止するために有効であり、かつ必要でもある。

しかし、それらの対策によっても、虚偽の「自白」を導きだしてしまう危険性をゼロにすることは不可能である。

たとえば自白偏重の刑事司法のあり方をあらためるということは、刑事司法を「いかなる自白も必要としない刑事司法」に変えるということでは決してない。「いかなる自白も必要としない刑事司法」とは「被疑者・被告のいかなる証言も求めない刑事司法」ということである。

事件の真相を明らかにするためにせよ、犯行の動機を確定するためにせよ、あるいは裁判で情状酌量によって被告に有利になる量刑判断を仰ぐためにせよ、被疑者（被告）の証言を求めることを刑事司法はやめるわけにはいかない。

もしいかなる自白も求めず、すべてを証拠だけで判断する刑事司法がありうるとすれば、それは被疑者（被告）が何をいっても相手にしない刑事司法というものを意味する。それはそれで逆に冤罪の可能性を高めてしまうだろう。なぜなら、警察・検察が主張する犯行の筋書きや証拠について、被疑者（被告）がいくら「実際とは違う」と主張しても、それは刑事司法でいっさい取り上げられないことになるからだ。

つまり、警察や検察が被疑者の証言を求めることは虚偽の「自白」を導きだしてしまう危険性をつねにはらむが、かといって被疑者の証言を求めないことも冤罪の可能性を高めてしまうのである。

言い換えるなら、刑事司法は被疑者・被告の証言や自白を求めることをやめるわけにはいかない。そうである以上、冤罪防止のために自白偏重の刑事司法のあり方をあらためていくことは必要だとはいえ、それによって虚偽の「自白」が導きだされる可能性をゼロにすることはできないのである。

†取り調べの可視化はどこまで有効か

また、取り調べの可視化のほうも、虚偽の「自白」がうみだされる可能性を完全になくすことはできないだろう。

取り調べの可視化には全面可視化と部分可視化の二つがある。

これら二つのうち、虚偽の「自白」の可能性をなくしていくには、もちろん全面可視化のほうが望ましい。部分可視化では捜査当局にとって都合のいい部分しか可視化されない可能性があるからだ。そこでは、可視化された前後の場面で暴行や脅迫による「自白」の強要があっても、それをチェックすることはできない。

とはいえ、たとえ全面可視化が実現したとしても、虚偽の「自白」が導きだされる可能性がそれによってまったくなくなるとまではいえない。

先に述べたように、「足利事件」の再審公判では検察による当時の取り調べの録音テープが再生された。その録音テープでは暴行などの形跡は確認できなかったが、それでも菅家は検察官の厳しい追及のまえに最後には泣きながら犯行を認めている。その様子をきいて、それが虚偽の「自白」を強いられたものなのか、それとも、なかなか白状しなかった真犯人がやっと折れた結果なのか、まったく誰が犯人かわかっていない段階で判断するのは難しいだろう。

事実、再審第五回公判では、その録音テープで菅家を追及した森川大司元検事に対する証人尋問がおこなわれ、菅家の弁護側と森川元検事のあいだで次のようなやりとりがなされた。

弁護側「真実ちゃん事件で少しでも無実と思ったことはないですか」

森川元検事「ないです」

ここで「真実ちゃん事件」といわれているのは「足利事件」のことだ。つまり弁護側は、取り調べ中に菅家が無実ではないかと少しでも思ったことはあるか、と森川元検事に尋ねているのである。それに対して森川元検事は明確に「ないです」と答えている。

実際に取り調べをした検事ですら菅家の「自白」を虚偽とは思わなかったということだ。その場にずっといた人間ですらそうなのだから、たとえその取り調べが全面可視化されたとしても、それによってただちに虚偽の「自白」がすべて判明するとはいえないのである。

同じことは警察の取り調べについてもいえる。「足利事件」の捜査で陣頭指揮をとった森下昭雄元刑事部長は、菅家が釈放されたとき報道陣にこう語っている。

まだ（再審で）無罪が確定したわけでは無く、自供も得ているし、（菅家が）犯人だと信じている。

†犯罪捜査は構造的に冤罪の危険性と隣り合わせである

もちろんこれについては、取り調べをする側である警察や検察だからよけいに虚偽の「自白」を見抜けない、ということがあるのかもしれない。警察や検察は相手を犯人だと思っているからこそ厳しく追及するからだ。その思い込みが誤った「証言」や「自白」を導きだしてしまう要因となる。

とはいえ、被疑者を特定し、厳しく追及することは、犯人を捕まえ、証拠をそろえ、起訴するのが使命である捜査機関にとっては必要不可欠なことだ。

容疑者の特定や取り調べにおいては、つねにその容疑者が本当に犯人といえるのかどうかをできるだけ客観的にかつ冷静に検証する必要がある。しかし、そこでの追及が逆に手ぬるければ、犯人を起訴し有罪にまでもっていくことができなくなってしまうかもしれない。

虚偽の「自白」をさせてしまうことを恐れて被疑者への追及が甘くなり、実際の犯人ですら有罪にできないことになれば、それはそれで本末転倒だろう。罪を逃れようとする犯人を有罪までもちこむためには、厳しい追及を捜査機関はやめるわけにはいかないのだ。

要するに、犯人を捕まえ、有罪にまでもちこもうとすることそれ自体に、厳しい追及によって虚偽の「自白」を導きだしてしまうリスクが含まるのである。冤罪をなくす努力はたゆまずするべきとはいえ、犯罪捜査は構造的に冤罪の危険性と隣り合わせなのだ。

†再審の壁という問題

「足利事件」から引きだされる、冤罪のもう一つの問題点に移ろう。

その問題点とは、再審の壁という問題である。つまり、裁判所の判決をくつがえすような新しい証拠がでたという理由で再審を申し立てても、なかなかそれが認められない、という問題だ。

虚偽の「自白」の問題が警察や検察といった捜査機関にかかわる問題だとすれば、この再審の壁の問題は裁判所にかかわる問題である。

「足利事件」でも再審までの道のりは長かった。

菅家の有罪判決の決め手となったのは、科警研がおこなったDNA鑑定で女児の下着に付着していた精液のDNA型が菅家のものと一致したという結果がでたことだった。

これに対して、菅家の弁護側は一九九七年（つまり二審の東京高裁が控訴を棄却したのち）、日本大学医学部の押田茂實教授（法医学）に独自のDNA鑑定を依頼した。

その結果は、両者は異なる、というものだった。

弁護側はその押田鑑定を上告審の補充証拠として最高裁に提出し、DNAの再鑑定を請求した。しかし最高裁はこれをとりあげなかった。それによって、菅家の有罪判決が確定した。

この押田鑑定の結果は裁判での審理見直しをうながす十分な証拠となるはずだった。しかし、再審公判が始まったのはようやく二〇〇九年になってからである。弁護側が押田鑑定を補充証拠にしてDNA再鑑定を裁判所に請求してから実際に再審が開始されるまで、なんと一二年もの時間がかかったのである。

†裁判所によって二度も退けられた弁護側のDNA鑑定の結果

なぜ再審が開始されるまで一二年もかかってしまったのだろうか。

じつはそのあいだに弁護側のDNA鑑定(押田鑑定)の結果は二度、裁判所によって退けられている。

一度目は、いま述べたように最高裁によってである。

「足利事件」の公判では、一審(宇都宮地裁、九三年)の判決においても、二審(東京高裁、九六年)の判決においても、裁判所は科警研によるDNA鑑定の結果を証拠能力があると認定した。

これに対して、上告した弁護側は九七年、最高裁に押田鑑定を提出し、DNA再鑑定を請求する。

しかし、最高裁は〇〇年、五人の裁判官の全員一致で、科警研によるDNA鑑定の結果を裁判の証拠として認める判断を示し、上告を棄却した。これによって一審での無期懲役の判決が確定した。

当時、この最高裁の判決は画期的な判決だといわれた。最高裁がDNA鑑定の証拠能力を認めて有罪判決が確定したのは、国内でこれが初めてだったからである。

その後、〇二年に菅家は宇都宮地裁に対して再審請求を申し立てた。

しかしここでもDNA再鑑定の請求は退けられてしまう。宇都宮地裁は〇八年、再鑑定を実施することなく再審請求を棄却したのである。

これが裁判所による二度目の拒否となった。

DNA再鑑定の請求がようやく認められたのは、その後、弁護団が即時抗告をおこなった東京高裁においてである。皮肉なことに、裁判所がDNA再鑑定を命じたのも、国内ではこれが初めてとなった。

再鑑定は二〇〇九年一月に開始された。

その再鑑定をおこなったのは、検察側と弁護側のそれぞれが推薦した二人の鑑定医である。結果はどちらも、女児の下着に残された精液のDNA型と菅家のそれは一致しないというものだった。

東京高裁は〇九年五月、検察側と弁護側の双方にこの鑑定書を交付した。

菅家が釈放されたのはその一カ月後である。

†裁判所の判決をくつがえすことの困難さ

ここから明らかになるのは、刑事司法において一度だされた裁判所の判決をくつがえすことがいかに困難か、という現実だ。

すでに述べたように、二〇〇九年に即時抗告審の東京高裁でおこなわれたDNA再鑑定では、両者は一致しないという結果がでた。その結果は、一九九七年に弁護側から最高裁に提出された押田鑑定がまさに裁判の証拠としての価値を十分もっていたことを示している。

にもかかわらず、それは裁判所によって二度も退けられた。一度目は上告審の最高裁によって、二度目は再審請求がなされた宇都宮地裁によって。

どちらにおいても裁判所は押田鑑定という有力な証拠を実質的には検討することなく、一審の無期懲役判決を支持したのである。

これをみると、どれほどの決定的な新証拠があれば裁判所は再審に応じてくれるのか、疑問が生じてくるだろう。それだけ刑事司法において裁判所の判決をくつがえすことは困難だ、ということである。

†当時から認識されていた、科警研によるＤＮＡ鑑定の不完全性

もしかしたら読者のなかにはこう思う人もいるかもしれない。「裁判所が押田鑑定を退けたのは、科警研によるＤＮＡ鑑定という〝客観的〟な証拠があったからであり、その時点では仕方のないことだったのではないか」と。

たしかにそういう側面もなくはないのかもしれない。

しかし、「足利事件」において科警研によるＤＮＡ鑑定の結果が示された一九九一年というのは、日本の警察捜査にＤＮＡ鑑定が本格導入されたばかりの時期だった。いまでこそＤＮＡ鑑定の精度は大幅に向上しているとはいえ、導入当初は法医学界や、さらには司法界からもその精度に対して懐疑的な声が強くだされていたのである。

実際、当時のＤＮＡ鑑定で識別できる確率は八三〇人に一人（一万人に一二人）ぐらいだったといわれている。そこから計算すると、女児の下着に残された精液と同じＤＮＡ型の人間は、足利市の男性だけでも約五〇人に上るのだ。

また、当時のＤＮＡ鑑定は技術的にも不完全だった。誤差が大きくて、正しいＤＮＡ型の判定ができないこともしばしばあったのである。警察庁ですらその後、当時の鑑定にはＤＮＡ型を判定するものさしとなるマーカーに狂いがあったことを認め、現在はそれを使

用中止にしているほどだ。

さらにいえば、当時のＤＮＡ鑑定のこうした不完全さについては、「足利事件」を審理した裁判所自身も認めていた。

たとえば二審の東京高裁判決では、当該のＤＮＡ鑑定について「より優れた手法が開発される余地はある」と述べられている。

また、五人の裁判官全員が一致した上告審の最高裁判決文でも、当該のＤＮＡ鑑定の証拠価値について「その後の科学技術の発展により新たに解明された事項等も加味して慎重に検討されるべきである」と述べられている。

どちらも、結論としては科警研のＤＮＡ鑑定を証拠として採用しているとはいえ、当時のＤＮＡ鑑定の不完全さそのものは認めているのである。とくに最高裁判決では「科学技術の発展により新たに解明された事項等も加味して慎重に検討されるべき」とさえ述べられている。ならば、なぜ最高裁は新証拠としてだされた押田鑑定をまともに検討することなく退けたのか。さらに疑問は募るのである。

こんなエピソードがある。

菅家の弁護団が九七年に日本大学医学部の押田教授を訪ね、ＤＮＡ再鑑定を依頼したときのことである。

はじめ押田教授は「結果は同じ。やめたほうがいい」と固辞したそうだ。しかし弁護団から科警研の鑑定の画像をみせられて思い直したという。

もともとその測定方法は精度が低いものであったうえに、さらに読みまちがいが起きそうな部分の画像が不鮮明だったのだ。証拠として提出された科警研の鑑定の画像はかなりずさんなものだったのである。

さっそく押田教授は刑務所で服役している菅家の毛髪を郵送させ、鑑定した。

その結果はすでに述べたとおりである（『毎日新聞』二〇〇九年五月九日）。

†なぜ裁判所は科警研の鑑定結果を支持しつづけたのか

問題は、科警研のそんな鑑定結果でも裁判所は証拠としての価値を認めたということだ。それも、当時のＤＮＡ鑑定の不完全さを認識していたにもかかわらず、である。

押田鑑定が提出されるまえなら、それも仕方のないことだったのかもしれない。

しかし、科警研の鑑定結果を否定する押田鑑定が提出されたあともなお、裁判所は科警研の鑑定結果を証拠として認めつづけた。

なぜだろうか。

ここから垣間見えるのは、刑事司法において一度だされた決定（すなわち一審の有罪判決）をなんとか堅持しつづけようとする裁判所の姿勢である。

押田鑑定をまともに取り上げなかった裁判所の対応は――裁判所自身が科警研の鑑定の不完全さを指摘している以上――「科警研の鑑定だけが唯一信頼できるＤＮＡ鑑定だったから」という理由ではけっして説明できないものだ。

では、どんな事情がそこにはあるのだろうか。

それは、刑事司法において一度下された判決（とりわけ有罪・無罪にかかわる判決）を裁判所はそう簡単にくつがえすわけにはいかない、という事情である。その事情こそ、裁判所が科警研の鑑定結果を支持しつづけたことの背景にあるものにほかならない。

†再審の壁はなぜ高くなるのか

再審の壁がこうして高くなる。

再審の壁とはまさに、「刑事司法において一度下された判決を裁判所はそう簡単にくつがえすわけにいかない」という事情から直接生じる問題にほかならない。

刑事司法において裁判所が再審に応じるということは、すなわち、確定した判決（とりわけ有罪・無罪にかかわる判決）の見直しに応じるということである。裁判所としてはよっぽどのことがないかぎりそれに応じることはできないだろう。再審が簡単になされるようでは「もとの判決は何だったのか」という疑問が噴出し、裁判所の威信や信用そのものが崩壊してしまうからである。

とくに、殺人事件などの重大事件における有罪・無罪の判決については、たとえ上級審であってもそう簡単にくつがえすことはできない。

量刑についての判決部分ならば、まだ見直しのハードルは低いかもしれない。しかし、有罪・無罪をめぐる判決（すなわち犯人は誰かという決定）は刑事司法の根幹にくるものだ。それが簡単にくつがえるようでは、刑事司法の根源的な信用そのものが崩れてしまうのである。

†権力そのものの本質に由来する再審の壁の問題

このことはただし、刑事司法にだけ当てはまる問題ではない。権力一般に当てはまる問題だ。

権力の本質は決定することに、そしてその決定を貫徹することに、ある。

このとき、みずからの決定を貫徹するためには（つまりみずからの決定に人びとを従わせるためには）、その決定が揺るぎないものでなくてはならない。簡単に揺らいでしまうような決定に人びとは決して従おうとはしないだろう。すぐにくつがえるような決定に従っても徒労に終わるだけであるし、どうせあとでくつがえるような決定なら従わなくても何のサンクション（制裁）もなさそうだからだ。

要するに、決定したことが簡単に揺らいでしまうような権力はナメられるのである。事実、優柔不断なリーダーや上司ほど頼りないものはない。なかなかものごとを決断できない、自分が不利な状況になるとすぐ決定をくつがえす（つまり逃げる）、そんなリーダーや上司には誰も従いたいとは思わないだろう。

権力が安定的に維持されるためには、その決定が揺るぎないものであることが不可欠なのだ。決断力のあるリーダーが求められるのは、なにも俗っぽいビジネス書の世界だけの話ではない。権力そのものの本質に根ざすことなのである。

こうした権力の法則から刑事司法も自由ではない。刑事司法とは公権力の一部であり、権力の一つのかたちであるからだ。

刑事司法において判決をくだすということは、被告が有罪なのか無罪なのか、有罪であるならどのような刑罰に処すのかを「決定する」ということである。その決定が簡単にくつがえってしまうようでは、刑事司法の威信が崩壊し、公権力そのものが不安定化してしまう。

とくに、被告が有罪なのか無罪なのかという決定は、量刑をめぐる決定とは違って事実認定にかかわる決定であり、刑事司法の判決の根幹にくるものだ。だから、よっぽど明白で有力な新証拠がでてこないかぎり（たとえば真犯人が新たにみつかるといったようなことでもないかぎり）、なかなか裁判所は再審に応じないのである。

もちろん、新しい知見や証拠にもとづいて刑事司法の判決を裁判所が柔軟に見直すことで、逆に刑事司法に対する信頼を高めていく、という方法もありえなくはないだろう。しかし、それも相当慎重にやらないかぎり、「もとの判決はいったい何だったのか」という疑問が噴出し、刑事司法の信用を損ねることになりかねない。やはり裁判所はそう簡単には再審に応じられないのである。

再審の壁の問題とは、公権力が公権力であるためには不可避的に生じてしまう問題なのだ。

†冤罪はニュートラルなものではない

こうしてみてくると、虚偽の「自白」の問題も、再審の壁の問題も、犯罪捜査をおこない犯罪者を処罰する公権力の活動と、切っても切れない関係にあることがわかる。冤罪が生じてしまう危険性は構造的に捜査機関と刑事司法の活動のなかに含まれているのである。

もちろん、だからといって公権力は犯罪を取り締まり、犯罪者を処罰することをやめるわけにはいかない。

なぜなら、その公権力の活動がなくなれば、私たちは犯罪に対して自力救済の原理で対処しなくてはならなくなるからだ。つまり私刑や仇討ちといった仕方での対処である。それは、より多くの冤罪とより多くの悲劇をうみだすだけだろう。

たとえ犯罪を取り締まる公権力の活動に冤罪の危険性がつきまとうとしても、そこから「公権力は犯罪を取り締まらなくてもいい」「公権力をなくすべきだ」といった結論には決してならないのである。

もちろん、ここから逆に「冤罪は仕方のないことだ」「冤罪のリスクは、犯罪者をつかまえて処罰するためにはやむをえないコストである」などと開き直ることもできない。なぜなら、実際には犯人でない人間を処罰することは、犯罪を取り締まり、犯罪者を処罰するという公権力の目的そのものに反する行為であるからだ。冤罪は公権力の正当性そのものを危うくしてしまうのである。だからこそ裁判所は、かつての判決が冤罪であることを認めることになる再審になかなか応じないのである。

犯罪を取り締まる公権力の正当性を維持するためには、「冤罪は仕方のないこと」と開き直ることは決してできない。公権力は捜査や裁判で冤罪が生じないよう細心の注意を払わなくてはならないし、もし冤罪が生じたことが明らかになったら、捜査機関や裁判所に対する厳しい批判と検証が必要となる。

では、冤罪をめぐる以上の考察は、死刑の問題を考えるうえでどのような認識をもたらすだろうか。

それは、冤罪とは単なる人間の「ミス」として片づけられるような「ニュートラル（無性的）」なものではない、という認識である。

冤罪は決して「ニュートラルなもの」ではなく、公権力の活動そのものから生みだされてしまう「権力的なもの」だ。

冤罪を単なる「ミス」ととらえる死刑論は少なくない。しかし、そうした死刑論は冤罪の問題を完全に過小評価している。冤罪事件を少しでも詳細にみていけば、そうした過小評価はできないはずだ。

冤罪の危険性は、犯罪捜査をおこない犯罪者を処罰する公権力の活動そのものによって直接生みだされてしまうものである。冤罪のリスクにさらされることなく、公権力が犯罪者を処罰することは原理的に不可能だ。まさに、真の証言を得るために容疑者を厳しく追及することそれ自体が、つねに虚偽の「自白」を生みだしてしまうリスクをはらむように、である。

こうしたジレンマは公権力が公権力であることからくる、避けられない現実である。たとえ公権力がどれほど冤罪をなくすための努力をしたとしても、その努力には決して終わりがないのである。

†明確に導きだされる、死刑の是非についての判断

ここから私たちは、死刑の是非について明確な判断を導きだすことができるだろう。死刑は廃止すべきだ、という判断である。

もし冤罪が単なる人間の「ミス」として考えられるものであったなら、冤罪の問題は死刑の問題から切り離されえた。

しかし、冤罪は単なる「ミス」などではなく、犯罪を取り締まり、犯罪者を処罰するという公権力の活動そのものが構造的に招き寄せてしまうものだ。そうである以上、死刑もまた冤罪の危険性から無縁ではない。

もし冤罪にもかかわらず死刑が執行されてしまえば、それこそ取り返しのつかないことになってしまう。冤罪がもたらす「取り返しのつかなさ」を避けるためには、死刑を廃止するしかない。

†冤罪の可能性がゼロの事件についてはどう考えるべきか

ここで次のような疑問がだされるかもしれない。

たしかに冤罪で死刑が執行されてしまえば取り返しのつかないことになるが、すべての死刑判決に冤罪の可能性があるわけではないだろう。たとえば現行犯で逮捕された凶悪事件のように、被告がその実行者であると確実に断定できるケースも少なくない。そういったケースでは冤罪の心配はないのであり、死刑の執行が取り返しのつかないことになるということはないのではないか。

すべての死刑判決に冤罪の可能性があるわけではない、というのはその通りである。現行犯での逮捕の場合など、被告がその実行者であると確実に断定できるケースも少なくない。冤罪の可能性は公権力の活動に避けがたく含まれているといっても、それは決してあらゆる刑事裁判には冤罪の疑いがあるということではない。

だから、被告が現行犯で逮捕された凶悪事件などでは死刑判決をくだしても、たしかにそれは取り返しのつかないことにはならない。被告が犯罪の実行者であることが明白な場合は死刑を適用しても問題ないのではないか――、そう考えてもおかしくはないだろう。

とはいえ、そうした考えでは大きな問題が生じてしまう。

なぜなら、それだと逮捕されたときの様態の違いによって――つまり現行犯逮捕か、捜査によって証拠を積み上げての逮捕か、という違いによって――、死刑が適用されるかされないかが変わってきてしまうことになるからだ。

実際におかした犯罪の凶悪さや重大さによってではなく、逮捕された様態によって刑罰が変わってしまうというのはおかしな話である。たとえば複数の女児をわいせつ目的で誘拐し、殺害しても、現行犯逮捕でなければ死刑は適用されない、ということにもなるだろう。

死刑も一つの刑罰である以上、そうした変則的な運用は許されない。

それに、逮捕された様態がどのようなものであれ、そもそも裁判所が有罪判決を下すときは、「冤罪の可能性はない」という前提で有罪判決を下す。「現行犯逮捕ではないので冤罪の可能性がないとはいえないが、有罪」という判決を裁判所が下すことはありえない。裁判所が下す「有罪」「無罪」の判決にはそのどちらかしかないのである。

言い換えるなら、裁判所が有罪と判断した時点で、死刑にするかどうかという量刑については犯行の凶悪性や重大性などから決定されるほかないのである。

したがって、冤罪の心配が確実にないと断定できる凶悪事件があるからといって、それは冤罪の可能性から死刑を擁護する根拠にはなりえない。

死刑制度を存置する以上は、逮捕の様態がどのようなものであれ、裁判所はその犯罪の凶悪さや重大さによって死刑を適用するかどうかの判断をするしかない。そうなるとやはり、冤罪の危険性を死刑制度から完全に取り除くことはできないのである。

†なぜ冤罪の問題は死刑の是非を考えるうえで重要なのか

ここで読者のなかには、冤罪の問題だけで死刑の是非を判断していいのか、とあらためて疑問をもつ人もいるかもしれない。

しかし、ここまでの考察で明らかになったのは、冤罪の問題でしか死刑の是非を判断できない、ということだ。冤罪の問題に私たちがたどりついたのは、道徳的な議論にとどまるかぎり死刑の是非に決着をつけることができないからであった。

私自身、報道などで卑劣な凶悪犯罪に接すると、「犯人を生かしておくべきなのか」と強い怒りを感じることがある。道徳的な感情でいうなら、死刑に賛成することもやぶさかではない。しかしその一方で、終身刑のほうが犯人にとってより厳しい刑罰になりうるのなら、そちらのほうがいいかもしれないとも考える。

人間によって価値観はさまざまだ。死ぬことだけはどうしても避けたいと思う犯罪者もいれば、終身刑で一生自由のない状態におかれるぐらいなら死んだほうがマシだと思う犯罪者もいる。死刑になるために凶悪な犯罪をおかす人間すらいる。

死刑がどこまで刑罰として妥当なのか、道徳的な議論にとどまるかぎり決着はつかないのだ。

同じことは犯罪被害者の遺族の感情についてもいえる。

たしかに、内閣府の世論調査の結果でも示されているように、人びとが「死刑もやむを得ない」と考える理由でもっとも多いのは「死刑を廃止すれば、被害を受けた人やその家族の気持ちがおさまらない」という理由である。

とはいえ、遺族の感情もさまざまでありうる。そうである以上、死刑によって遺族の遺恨感情がどこまで慰撫されるかについて確定的で普遍的な答えをだすことはできない。

実際、犯人の死刑執行に反対した被害者遺族もいる。犯人が死刑に処されるより、終身刑によって一生罪を背負わされつづけるほうが、遺族の感情がおさまることだってあるかもしれない。そもそも遺族の気持ちとしては、何が自分の遺恨感情を慰撫してくれるのかはっきりとわからないことだってめずらしくないだろう。

それを「遺族の気持ちは死刑でないとおさまらない」と一方的に考えて死刑を擁護することは、議論としては乱暴である（もちろんそう考えたくなる気持ちは十分わかるが）。

一人の遺族のなかでさえさまざまな感情がありうることを考えるなら、それを根拠に死刑の是非を論じることはやはり無理があるのである。

だからこそ、私たちは死刑を道徳的な問題としてではなく、政治的な問題として考える必要があったのである。「政治的な問題として」というのは「公権力の行使の問題として」ということである。

冤罪の問題はその中心問題にほかならない。冤罪の問題こそ、死刑の是非を判断するための決定的な要素となるものなのである。

私たちは死刑の問題を考えるとき、道徳的な問題にばかり目がいってしまい、冤罪の問題を軽視しがちである。

それも仕方のないことではあるだろう。私たちは日常の生活で犯罪捜査や刑事司法といった公権力の活動に直接ふれることはほとんどないからだ。この点でいえば、冤罪を単なる「ミス」と考えてしまうのも仕方のないことかもしれない。

しかし、冤罪は決して単なる「ミス」ではなく、公権力の活動そのものが構造的に招いてしまうものである。冤罪によって死刑が執行されてしまえば、それこそ取り返しのつかないことになる。この「取り返しのつかなさ」という点で、冤罪は死刑と特別な関係にある。死刑を考えるうえで、冤罪の問題を決して軽視することはできないのだ。

3　それでも執行される死刑

†福岡県警のメンツをかけた「飯塚事件」の捜査

とはいえ、それでも読者のなかには、現代の日本において冤罪で死刑になってしまう事態まではさすがに起こらないだろう、と思う人もいるかもしれない。死刑制度が存置されている現状では、私もそう思いたいところだ。

しかし、どこまでそう思うことができるのか、実際にはひじょうに心許ない。たとえばこんな事件を前にすると。

一九九二年二月二一日、福岡県飯塚市の山中で当時七歳の女児二人が遺体で発見された。「足利事件」の発生から約一年九カ月後のことだ。つまり「足利事件」とほぼ同時期の事件である。

二人の女児の遺体には首を絞められた痕や、性的暴行を受けた痕跡があった。また、二人の遺体が発見されたのは、二人の自宅や学校のある場所から二〇キロ近くも離れていた。こうした状況から、二人の女児が何者かによって殺害され、この場所に遺棄されたことは明らかだった。

二人は遺体で発見される前日の朝、自宅をでて一緒に小学校に登校する途中で行方不明となり、両親や学校から連絡をうけた飯塚署が行方を捜していたところだった。

福岡県警はただちに本格捜査にのりだした。じつはこの事件の三年前にも、同じ小学校の七歳の女児が行方不明になっていたのである。福岡県警にとってはメンツをかけた捜査にならざるをえなかった。

しかし捜査は難航した。

福岡県警がやっとのことで容疑者を逮捕したのは、事件発生から二年七カ月が経過した一九九四年九月二三日だった。

逮捕されたのは、二女児の自宅の近くに住んでいた久間三千年《くまみちとし》という男である。事件発生当時、久間は五四歳で、長男が二女児と同じ小学校に通っていた。

ただし、福岡県警が久間に目を付けたのは、逮捕よりかなり前のことである。すでに事件発生から一カ月後の一九九二年三月二〇日には、福岡県警は久間を参考人として取り調べている。久間の所有するワゴン車が、二女児が行方不明になった当日、山中の現場近くで目撃されたワゴン車と似ていた、というのがその大きな理由である。

この参考人聴取で福岡県警は久間に対して毛髪と指紋を任意提出させた。

その毛髪をつかって警察庁の科学警察研究所（科警研）はＤＮＡ鑑定をおこなった。その結果は、女児の遺体などに残された血痕のＤＮＡ型と久間のそれとがほぼ一致する、というものだった。

とはいえこのときは久間の逮捕には至らなかった。

なぜかというと、福岡県警が同じ試料をつかって東京大学や帝京大学に依頼したＤＮＡ再鑑定では、女児の遺体に残された血痕からは久間のＤＮＡ型は検出されなかったからである。

福岡地検は科警研のＤＮＡ鑑定の結果だけでは起訴できないと判断した。

しかし福岡県警はこれに納得しなかった。東京大学や帝京大学の再鑑定で久間のＤＮＡ型が検出されなかったのは試料の残量がわずかだったからだ――。福岡県警はこう主張し、久間への捜査をつづけた。

†あとになってでてきた「証拠」

捜査が大きく展開したのは一九九三年末ごろだという。

福岡県警が押収した久間のワゴン車から微量の血痕や尿痕が検出され、それを科警研で鑑定したところ、遺体で発見された女児のうちの一人と血液型が一致するという結果がもたらされたのだ。さらに、女児の衣服から発見された繊維片と、ワゴン車のシートにつかわれていた繊維の特徴が合致するという鑑定結果もだされた。

ただしこれには疑問も残る。

というのも、福岡県警が久間のワゴン車を押収したのは、事件から半年後の一九九二年九月のことだからだ。このとき福岡県警はその車内を徹底的に捜索している。が、とくに事件の解明につながるような手がかりは何もでてこなかった。にもかかわらず、それから一年以上たったのちの再捜索ではこれらの証拠が検出されたのである。

かつて、冤罪の疑いがひじょうに強いといわれた狭山事件でも同じようなことがあった。狭山事件とは、一九六三年五月に埼玉県狭山市で高校一年生の少女が誘拐され、殺害された事件である。容疑者として逮捕されたのは当時二四歳だった石川一雄である。

このときも、のちに有力物証とされた万年筆が石川の自宅から「発見」された。それまでに石川の自宅は何度も捜索されていたにもかかわらず、である。万年筆が「発見」されたのは、人目につきやすい、勝手口の鴨居からであった。その物証が決め手の一つとなり、石川は有罪判決をうけ、無期懲役刑が確定した。しかし「狭山事件」は冤罪なのではないかという疑いは、現在でもひじょうに強い。

もちろんこれは「かつて同じようなことがあった」ということでしかない。

とはいえ、徹底的に捜索したときには何もでてこなかった久間のワゴン車の車内から、一年以上たったのちの再捜索では有力な証拠がでてきた、という事態に素直に納得できる人はそう多くないだろう。

それでも福岡地検はこれらの新証拠をうけて久間の逮捕を了承した。

一九九四年九月二三日、福岡県警は久間を死体遺棄容疑で逮捕する。すでに事件からは二年七カ月がすぎていた。

†地元の地域ブロック紙ですら疑問を提起した「証拠」

しかし、容疑者は逮捕されたとはいえ、この逮捕は多くの人を納得させるとまではいえないものだった。逮捕の翌日にだされた西日本新聞の記事がこの逮捕の問題点を簡潔に示している。

捜査当局は「容疑否認でも起訴できるだけの物証を」という検察庁の指示を受け、DNA鑑定、血液型、そして繊維の一致という三つの物証を重ね死体遺棄容疑での逮捕に踏み切った。しかし、本件の殺人容疑に結び付く直接証拠には乏しく、容疑者の死体遺棄容疑の認否が最大のポイントになる（『西日本新聞』一九九四年九月二四日夕刊）。

この記事によれば、検察側は「容疑否認でも起訴できるだけの物証」を求めていた。にもかかわらず、記事では「容疑者の……認否が最大のポイントになる」と、容疑者の〝自白〟が立件には不可欠だと指摘されている。すなわち、これら三つの物証だけでは容疑者を起訴するには弱すぎる、ということだ。

西日本新聞は九州地方における最有力の地域ブロック紙である。当然、地元でおこったこの事件に対してはきわめて高い関心のもとで取材と報道をおこなっていた。その地域ブロック紙からみても、久間の逮捕には大きな疑問があったということである。

†一貫して容疑を否認しつづけたが、死刑は執行された

では、逮捕された久間ははたして犯行を認めたのだろうか。

じつは福岡県警は最後まで久間から「自供」を引き出すことはできなかった。久間は一貫して容疑を否認しつづけたのである。

あれほど苦労して久間を逮捕した福岡県警である。その取り調べは相当厳しいものだったはずだ。福岡県警は久間にポリグラフ検査（いわゆるウソ発見器による検査）もおこなったといわれている。しかし久間が犯行を認めることは一度もなかった。それは公判でも変わらなかった。

一九九九年九月二九日、福岡地裁は久間に有罪判決をくだした。被告人の容疑否認のまま、裁判所は検察側の主張を全面的に認めたのである。くだされた刑罰は死刑である。

久間は判決を不服として、即刻控訴した。

しかし福岡高裁は二〇〇一年一〇月一〇日に久間の控訴を退ける。久間は上告するも、最高裁は二〇〇六年九月八日にそれを棄却し、久間の死刑判決が確定した。

取り調べからこの上告審まで、久間は一貫して無実を訴えた。

二〇〇八年一〇月二八日、久間の死刑が執行された。死刑判決が確定してからわずか二年後のことである。

†ほぼ同じ時期に科警研でおこなわれたDNA鑑定

その死刑執行から約七カ月後のことだ。「足利事件」の菅家が釈放されたのは。

その釈放の決定的な契機となったのは、すでに述べたとおりDNA再鑑定の結果がだされたことだった。

菅家の弁護団が即時抗告をおこなった東京高裁が、裁判所としてはじめてDNA再鑑定を命じ、検察側と弁護側のそれぞれが推薦した鑑定医が再鑑定をおこなったのである。どちらの再鑑定でも「一致しない」という結果がでた。

事件当時に科警研によっておこなわれたDNA鑑定はまちがいだったことが示されたのである。菅家が実行犯だとする根拠がそれによって崩壊した。

じつは「飯塚事件」の久間のDNA鑑定も、その「足利事件」のDNA鑑定と、ほぼ同じ時期に、ほぼ同じ鑑定方法でおこなわれている。

久間に任意提出させた毛髪をつかって科警研がDNA鑑定をおこなったのは一九九二年六月のことだ。「足利事件」で科警研によるDNA鑑定の結果が示されたのは一九九一年一一月である。そのあいだにはわずか七カ月しかない。両者は、科警研によるほぼ同時期のDNA鑑定なのだ。

繰り返せば、この時期は日本の警察捜査にDNA鑑定が本格的に導入されたばかりの時期だった。いまでこそDNA鑑定の精度は大幅に向上したとはいえ、当時はその精度からいっても、また技術的な点からいっても、不完全なものだった。当時の鑑定で識別できる確率は八三〇人に一人ぐらいだったといわれている。また、技術的にも誤差が大きくて、正しいDNA型の判定ができないこともしばしばだった。

当時のDNA鑑定のこうした不完全さは、「足利事件」で有罪判決をくだした裁判所ですら判決文のなかで言及せざるをえなかったほどのものである。

その不完全さが確証されていったのが、再審にいたる「足利事件」の道のりであった。

†二つの事件ではDNA鑑定のメンバーもほぼ同じ

二つの事件では、科警研によるDNA鑑定のメンバーもほぼ同じだった。

たとえば「足利事件」の控訴審公判では、菅家のDNA鑑定を担当した、坂井活子《いくこ》という科警研の技官が証人出廷している。東京高裁でおこなわれた控訴審の第五回公判で坂井は菅家のDNA鑑定の正しさを主張した。

しかし、坂井のその主張はDNA再鑑定の結果によって完全にくつがえされてしまった。

その坂井はまた、「飯塚事件」の公判でも証人出廷している。坂井は久間のDNA鑑定でも主要メンバーだったからだ。

坂井は、福岡地裁でおこなわれた一審の第五回公判で、警察庁のDNA鑑定法について「誤りは起こらない」と断定している。さらに第六回公判では、久間の弁護側から「数値上、許容できない誤差がある」「当時の鑑定方法は、現在では科警研自身も精度の低さを理由に行っておらず、信用できない」と追及されたことに対して、誤差があったことは認めつつも「型判定に影響を与えない範囲のものだった」と当時のDNA鑑定の正確性を強調している。

とはいえ、坂井は「足利事件」の控訴審公判のときも科警研のDNA鑑定の正確性を主張していた。「足利事件」におけるその鑑定結果がまちがいだったことが明らかになった現在、「飯塚事件」公判での坂井の主張をそのまま素直に受け取ることは難しいだろう。「足利事件」と同様、「飯塚事件」における科警研のDNA鑑定もどこまで信頼できるものなのか、深い疑念が生じるのはさけられないのである。

事実、「飯塚事件」で福岡県警が科警研の鑑定と同じ試料をつかって東京大学や帝京大学に依頼したDNA再鑑定では、久間のDNA型は検出されなかった。

†DNA鑑定の権威によって否定された科警研のDNA鑑定

じつは「飯塚事件」の公判では、その帝京大学で久間のDNA鑑定を請け負った法医学者も証人出廷している。

東京大学医学部の元教授で、東大を定年退官したあと帝京大学に移籍した石山昱夫《いくお》である。石山は東京大学時代に日本ではじめてDNA鑑定を実用化した人物として知られる、いわばDNA鑑定の権威だ。

石山は福岡地裁でおこなわれた一審の第二七回公判で証言し、久間のDNA型を検出したとされる科警研の鑑定結果について根本的な疑問を呈した。

石山はそこで、科警研のDNA鑑定の一つ（HLADQα法）について、久間のDNA型が検出されたとは思われないと証言。また、もう一つの鑑定（MCT118法）については「鑑定方法がずさんで技術が低い。（私の教室なら）やり直しを命じたいほどだ」と述べたのである。

さらに石山は、科警研の鑑定結果について次のように述べて科警研を批判した。「整合性がつかず、その理由を科警研に尋ねたが、いまだに回答がなく大変不満だ。」

念のために述べておくと、石山は決して捜査当局に批判的な法医学者ではない。むしろ警察や検察にひじょうに協力的な法医学者である。

たとえば、一九八八〜八九年に起きた東京・埼玉連続幼女誘拐殺人事件では鑑定医として宮﨑勤の有罪判決に尽力している。また、再審無罪事件となった松山事件（一九五五年に発生）では、被告を無罪とした鑑定はまちがいだと主張し、警察・検察を擁護する立場にたっている。

このように石山は捜査当局に協力的な法医学者だったからこそ、福岡県警から久間のDNA再鑑定の依頼も受けたのである。

†科学としての要件を満たしていないと考えざるをえない科警研のDNA鑑定

私が疑問なのは、DNA鑑定の権威である石山が法廷で「(科警研の鑑定結果は)整合性がつかず、その理由を科警研に尋ねたが、いまだに回答がなく大変不満だ」と証言したにもかかわらず、なぜ裁判所はその整合性の問題について厳密に検証しようとはせず、また科警研に説明責任を負わせることなく、科警研の鑑定を証拠として採用してしまったのか、ということである。

科学や学問でもっとも大事なのは、同じ条件が与えられれば誰でも再検証できるということ、もしくは第三者に対して事実と論理の組み合わせだけで結論を立証できるということ、である。

もし法廷での証言どおり、石山が法医学者として科警研にDNA鑑定の結果の整合性について説明を求めたにもかかわらず、科警研からの回答がなかったのであれば、少なくとも科警研による久間のDNA鑑定は科学の要件を満たしていないと判断すべきである。

試料はすべて使われてしまったためDNA鑑定の再検証は無理だということだったとしても、「整合性がつかない」という疑問に対しては科警研は正面から説明できるはずだし、説明すべきであった。「いまだに回答がなく大変不満だ」という石山の証言を裁判所はもっと重く受け止めるべきだった。

†「拙劣極まる分析結果と技術力」であった科警研のDNA鑑定

石山はのちに「足利事件」の菅家が釈放されたとき、それを受けて次の文章を『産経新聞』に寄稿している。掲載は菅家の釈放の翌日、二〇〇九年六月五日（朝刊）である。

　足利事件で科学警察研究所（科警研）のDNA鑑定が誤ったということで、再審事件となるという報道に接して、DNA鑑定の導入に多少はかかわった著者としては、真に遺憾なことであるが、十数年前に予感していた事態が露呈したという感が強く胸を打ってくる。

ただ、DNA鑑定の本質に誤りはないわけで、要するに科警研のDNA分析の技官の腕が拙劣であったの一語に尽きるのが残念なのである。その腕がどの程度のレベルであったかについて、足利事件には関係がないが、筆者が経験した一例を挙げておく。

今から十数年前になるが、ある地方で幼女が2人殺害される事件があった。現場に落ちていた血痕で、科警研がDNA分析をしたところ、幼女と容疑者のDNAが検出されたという結果になった。これに基づいて、警察と検察庁による容疑者の逮捕が妥当とされたが、担当の検察官は科警研のＤＮＡ分析結果に満足せず、筆者の研究室のＤＮＡ鑑定を求めた。

警察から届けられた血痕は、脱脂綿５ミリに付着した緑色がかったという代物で、科警研のＭＣＴという分析法では不可能と分かったので、ミトコンドリアＤＮＡ分析を実施したが、この場合には、さらに遺伝子組み換えの技術を応用して、ＤＮＡ分析を実施したところ、２人の幼女のＤＮＡは検出されたが、容疑者のＤＮＡは検出されなかった。

この後、検察庁は「筆者の鑑定結果と科警研の結果が矛盾しない」との証言を裁判所で行うように要請してきたので、疑問に思い、裁判所に科警研から出された資料を見て驚いた。拙劣極まる分析結果と技術力だった。分析の失敗を繰り返していたのだ。足利事件の分析もそのレベルのものであったに違いない。

ＤＮＡ液を電気泳動する際に用いられるゲルプレートが均一にできているか否かが結果を支配するのだが、それを理解していなかったようだった。均一でないとＤＮＡ分子の区分が悪くなり、正確でない結果を読み込む。そうすると、「ＤＮＡ一致」という結果も誤って出てしまう。おそらく足利事件も失敗したゲルプレートを分析に利用し、「同一」と誤判断したと思わざるをえない。

このレベルでも、当時の警察の技官は「DNA分析が完成した」と宣伝し、裁判官も検察官も信じ込んでしまった。

DNA鑑定という「証拠」があれば、それ以上に捜査する必要もないと信じ込んでしまうだろうし、手抜きの判決が出ることもあるだろう。

文中で言及されている「ある地方で幼女が2人殺害される事件」とはもちろん「飯塚事件」のことである。「足利事件には関係がないが」と断りつつもわざわざ「飯塚事件」に言及しているということは、それだけ「飯塚事件」も冤罪の可能性が高いということを石山が示唆したかったということなのだろうか。

少なくとも、「足利事件」と同程度には「拙劣極まる」DNA鑑定の結果にもとづいて久間に死刑判決がくだされ、死刑が執行されてしまったということは、石山の文章から理解できるのである。

†「飯塚事件」がつきつける問題

はたして久間は犯人なのか、それとも本当は犯人ではなく、冤罪で死刑に処されてしまったのか。

真相はわからない。

また、その真相を解明することが本書の目的でもない。

しかし、死刑の是非を考察するという本書の目的にとって「飯塚事件」がつきつける現実は深刻だ。

現代の日本においてもなお、冤罪による死刑の可能性はけっしてゼロとは言い切れない。それほどまでに冤罪の可能性は、公権力が刑罰を下すという行為のなかに深く根をはっているのである。

†なぜ法務当局は久間の死刑執行を急いだのか

それにしても、と思う。久間の死刑執行をもう少し遅らせることはできなかったのか、と。

久間の死刑が執行されたのは、「足利事件」の菅家が釈放される約七カ月前であり、東京高裁が菅家のDNA再鑑定を命じる約二カ月前である。

久間の死刑執行がもう少し遅ければ、菅家のDNA再鑑定やその後の釈放によって久間のDNA鑑定の問題性も大きな注目を集めることになったかもしれない。その場合、慎重を期すために死刑執行に「待った」がかかったかもしれないのである。

実際、久間の死刑執行は、最高裁で死刑判決が確定してわずか二年後のことだった。刑事訴訟法ではたしかに死刑判決が確定してから六カ月以内に死刑を執行するべきだと定められている。しかし、一部の例外をのぞいて、死刑が確定後半年以内におこなわれることはまずない。死刑判決が確定してから二年で執行されることさえ異例だ。通常は、確定から執行まで六年程度かかるといわれている。

そうである以上、久間の死刑執行もそれほど急ぐ必要はなかったのではないか。

とはいえ、これはすでにナイーブな見方なのかもしれない。

というのも、この点についてはむしろ、法務当局は久間の死刑執行を急いだのではないか、という疑念さえだされているからである。

つまり、菅家が釈放されれば、その影響で久間のDNA鑑定にも社会的な疑問が向けられるかもしれず、その結果、久間に死刑判決をくだした裁判所や、死刑制度そのものへの国民の信頼が崩れてしまうかもしれない、それを避けるために法務当局は久間の死刑執行を急いだのではないか、という疑念である。

言い換えるなら、久間の死刑執行がすんでからでないと裁判所は菅家のDNA再鑑定を認めることができなかったのではないか、ということだ。

事実、東京高裁が菅家のDNA再鑑定を命じたのは久間の死刑執行の約二カ月後である。

菅家の即時抗告が東京高裁にだされたのは、久間の死刑執行よりも八カ月ほど前だ。

そこから考えると、久間の死刑執行の時点ではすでに、当時の科警研のDNA鑑定には大きな不備があったということが法務当局では広く認識されていたはずである。少なくとも、菅家のDNA再鑑定の請求を拒みつづけることには無理があるという認識はあったにちがいない。

だから法務当局は先回りして火消しを図ったのではないか、死刑制度への信頼と、刑事司法の〝決定の無謬性〟を護持するために――。

これについても真相はどうなのか、私にはわからない。

ただそれでも、なぜ菅家のDNA再鑑定によって当時の科警研の鑑定がくつがえるかもしれないという時期に、わざわざ久間の死刑を――他の死刑執行よりも短い期間で――執行したのか、という疑問は残るのである。

†冤罪という問題の深刻さ

冤罪の問題はきわめて深刻である。その深刻さは、冤罪の実態を知れば知るほど否定できないものとして私たちに迫ってくる。

冤罪は決して人間の「ミス」として片づけられるような「ニュートラルなもの」ではな

い。それは「権力的なもの」である。冤罪の可能性は、公権力が犯罪を取り締まり、刑罰をくだすという活動そのもののなかに構造的に含まれている（念のためくりかえせば、だからといって公権力をなくすべきだという話にはならない）。

冤罪を単なる「ミス」であるとナイーブに考えてしまうことは、むしろ冤罪を生みだしてしまう公権力の活動そのものへの関心を低下させ、ともすれば冤罪を生みだしやすい環境を温存してしまうことにすらなるだろう。

冤罪の問題がいかに根の深いものなのか、ということを正面から認識することは、公権力をつうじて犯罪を処罰しているこの社会の成員にとって責務ですらある。

死刑についていえば、道徳的な議論では死刑の是非に決着をつけることができない以上、この冤罪の問題こそ、死刑の是非を考えるうえでもっとも重視されるべき論点となる。その論点は死刑を存置しつづけることを決して正当化しない。死刑の存在は冤罪の問題をより深刻なものに、そして取り返しのつかないレベルのものにしてしまうからである。

第5章

処罰感情と死刑

†過小評価される冤罪の問題

死刑の是非を考えるうえで、冤罪の問題を軽視することは決してできない。

とはいえ、実際には冤罪の問題に対する人びとの関心はそれほど高くない。それどころか冤罪の問題は過小評価さえされている。冤罪がしばしば単なる人間の「ミス」として考えられてしまうのも、その過小評価が背景にあるからである。

では、なぜ冤罪の問題に対する人びとの関心は低いのだろうか。

一つには、多くの人が冤罪を「自分には関係ないこと」だと思っているということがあるだろう。多くの人は、まさか自分が冤罪に巻き込まれるかもしれないなんて思ってはいない。それだけ、日本の捜査機関や刑事司法は人びとからの高い信頼を得ているということだろう。

ただし、冤罪の問題に対する人びとの関心が低いのはこれだけが理由ではない。

最大の理由は人びとの処罰感情にある。

つまり、「凶悪犯は厳しく処罰すべきだ」という人びとの感情が強いために、実際に凶悪事件をまえにすると「早く犯人を捕まえて処罰すべきだ」という思いが先行し、たとえ容疑者として逮捕された人間が容疑を否認していたとしても「どうせ罪を逃れるために否認しているだけだろう」と考え（現実にそういうことも多いので）、反対に「冤罪を避けるために捜査は慎重におこなわれなくてはならない」「本当にこの人間が犯人なのだろうか」といった問題意識が生まれる余地がきわめて小さくなるのである。

人びとの処罰感情こそ、犯罪者を処罰する公権力の活動を支持し、正当化する、最大の要因にほかならない。

この点で、「凶悪犯は厳しく処罰すべきだ」という処罰感情と「冤罪はつねに起こりうる」という問題意識はきわめて両立が難しい。たとえどれほど冤罪の可能性が犯罪者を処罰する公権力の活動そのものに内在しているとしても、人びとの処罰感情は冤罪の問題をみえにくくしてしまうのである。

†人びとの強い処罰感情こそ死刑肯定論の根底にある

したがって、冤罪の問題から死刑廃止の立場を導きだすのであれば、さらに死刑廃止によって人びとの処罰感情にどう応えるのかを示さなくてはならない。人びとの処罰感情に応えることができなければ、いくら冤罪の問題の重要性を訴えても、それが人びとに聞き入れられることはないだろう。

冤罪の問題こそ死刑の是非を考えるうえで最重要の論点であり、冤罪の可能性は死刑を存置しつづけることを決して是としない。とはいえ、それが説得力をもつためには、人びとの処罰感情を満たしうる廃止案が提示される必要があるのである。

事実、二〇一四年に内閣府によっておこなわれた死刑制度に関する世論調査では八〇・三％の人が「死刑もやむを得ない」と死刑制度を容認したが、その理由でもっとも多かったのは「被害者や家族の気持ちがおさまらない」（五三・四％、複数回答）というものだった。

この理由があげられる背後には人びとの強い処罰感情がある。「気持ちがおさまらない」のはなにも被害者やその家族だけではない。多くの人にとっても死刑でなければ「気持ちがおさまらない」のだ。

その証拠に、多くの人は「（死刑でなければ）被害者や家族の気持ちがおさまらない」といいつつも、犯罪被害者の家族をどう救済するのかという問題にはそれほど関心を示さない。

もし多くの人たちが被害者や家族のためを思って死刑は必要だと考えるのなら、被害者家族が事件後にどのような苦しみに直面するのか、その苦しみから遺族を救済するためにはどうしたらいいか、ということについて社会的な議論がもっと高まってもいいはずだ。しかし現実はそうなっていない。

つまりそこにあるのは、被害者や家族のためを思った死刑肯定論というよりは、みずからの処罰感情を「被害者や家族の気持ち」に投影した死刑肯定論なのだ。

†被害者や家族の気持ちに投影される処罰感情

実際、凶悪犯罪の被害者の家族が事件後に抱く感情は、加害者への報復感情だけではない。

事件直後はそのショックをどう受け止めていいかわからないほどの衝撃を受けるし、しばらくすれば、なぜ自分は事件を防げなかったのか、なぜ愛する家族を守れなかったのか、自分は事件を防ぐために何かできたのではないか、という自責の念にも襲われる。

加害者への感情も単純ではない。絶対に許せないという感情は当然あるとしても、それだけでなく、なぜ自分の愛する人（子、配偶者、兄弟、親）が殺されなくてはならなかったのか、加害者本人から真摯に語ってほしいという感情が生じることもあり、決してその感情は「死刑にしろ」という言葉だけで尽くせるものではない。

また、被害者家族は事件後に周囲から、被害者や家族に落ち度があったかのような陰口をたたかれたり、つきあいを避けられたり、いわれのない差別をうけることも少なくない。

経済的にも被害者家族は困窮しやすい。一家の大黒柱が犯罪の被害者になれば当然その一家は収入を失うし、それでなくても周囲の偏見や差別から、あるいは精神的なショックから仕事をつづけられなかったり、引っ越さなくてはならなかったりする被害者家族も少なくない。

しかし、こうした被害者家族の状況に関心をよせる人は決して多くはない。

それは、死刑制度を廃止した欧州諸国に比べて日本では凶悪犯罪の被害者救済への取り組みがかなり遅れていることにもあらわれている。

たしかに、死刑でなければ「被害者や家族の気持ちがおさまらない」というのは多くの場合事実ではあるだろう。しかし、それが死刑肯定の最大の理由になるのは、人びとが被害者や家族のためを思って、ということ以上に、みずからの処罰感情を被害者や家族の気持ちに投影していることによるのである。

もちろん私はこのように述べたからといって、「被害者や家族の気持ちがおさまらない」という死刑容認の理由は欺瞞的だと主張したいわけではない。そうではなく反対に、それだけ人びとの処罰感情が強いものであるということを確認しておきたいのである。その処罰感情そのものは決して欺瞞的なものではない。

実際、私自身も同じように強い処罰感情を抱くことがある。凶悪で卑劣な犯罪をまえにすると、その実行者を厳しく処罰すべきだという気持ちがひしひしとわいてくる。

むしろ問題なのは、これまで人びとの処罰感情に正面から応えようとしてこなかった死刑廃止論のほうである。

日本の死刑廃止論者のなかには、死刑に反対するだけでなく、終身刑にも反対する人が多い。

彼らが終身刑の導入に反対する理由はおもに二つある。一つは、現行の無期懲役刑が事実上「終身刑」化しているから、というものだ。

もともと無期懲役刑とは無期刑の一つ（懲役をともなう無期刑）であり、終身刑とは明確に区別される。無期刑と終身刑のどこが違うのかといえば、仮釈放（の可能性）があるかないかという点だ。

無期刑には仮釈放の可能性がある。無期刑とはたんに刑期の定めのない刑のことであり、仮釈放の可能性があるという点は有期刑と変わらない。これに対して、終身刑には仮釈放の可能性はない。

つまり、無期懲役刑の「終身刑」化とは、無期懲役刑において仮釈放が認められるケースがどんどん少なくなってきているということである。

かつては無期懲役刑といっても一〇数年で仮釈放されるケースがままあった。そのため、「無期懲役刑といっても一〇数年でシャバにでてくる」というイメージをもつ人も少なくない。

しかし、数十年前ならいざしらず、現在は無期懲役刑が厳格に運用されるようになり、仮釈放が認められるケースそのものがひじょうに少なくなった。無期刑で仮釈放が認められなければ、受刑者は当然ながら死ぬまで獄中にいることになる。

また、たとえ仮釈放が認められた場合でも、二〇〇三年以降は二〇年未満の服役期間で仮釈放が認められたケースはなく（つまり二〇〇三年以降は一〇数年の服役で仮釈放されることはなくなり）、二〇〇四年以降は仮釈放された受刑者の平均服役期間は二五年を超えた。なかなか認められなくなった仮釈放が認められた場合でも、こういった状況なのである。

このように仮釈放が認められにくくなったことで、無期懲役刑は事実上の「終身刑」に近づいているのである。

したがって、日本ではあえて終身刑を導入する必要はなく、死刑を廃止しても現行の無期懲役刑の厳格運用でやっていけるのではないか――。これが、死刑廃止論者の多くが終身刑の導入にも反対する理由である。

†終身刑は残酷か

もう一つ、彼らが終身刑の導入に反対する理由は、終身刑は残酷だから、というものだ。終身刑とは仮釈放の可能性がはじめから存在しない刑罰のことである。つまり、その受刑者は死ぬまで刑務所にいることが、判決が確定した時点で決まる。

これが彼らには残酷にみえるのである。

たしかに無期刑であれば、たとえ仮釈放の可能性がきわめて小さなものであっても、受刑者は「いつかは刑務所から生きてでられるかもしれない」という希望をもつことができるだろう。社会復帰の可能性がわずかでもあれば、刑務所における更生、ということにも意味がでてくるかもしれない。

これに対し、仮釈放のない終身刑においてはそうした希望は生じようがない。終身刑の受刑者にとっては未来は意味をなさず、彼らはただ無意味にみずからの死を獄中で待つしかないのである。

これは私たちが想像する以上に苛酷な刑罰なのかもしれない。

事実、死刑を廃止して終身刑を導入した欧州の国々では、終身刑の受刑者たちが「いっそのこと死刑にしてほしい」という嘆願書を政府に提出することがある。イタリアでは二〇〇七年五月に、終身刑の受刑者三一〇名が「将来に希望がないわれわれの人生は無に等しく、毎日少しずつ命を削られるような刑ならいっそ死刑にしてもらう方がましだ」という嘆願書を大統領に提出している。

あまりに終身刑がつらいということだ。彼らにとっては死刑ですら、終身刑のもとで過ごさなくてはならない無意味な時間から逃れさせてくれる一つの希望なのである。

この点で、死刑廃止論者が終身刑を「残酷だ」と反対するのも理のないことではない。死刑を残酷だという理由で反対しているのなら、それより残酷かもしれない終身刑に賛成することなどできっこないからである。

†厳しい処罰はしたくない、というやさしい感情

もちろん、死刑に反対するあらゆる人が終身刑にも反対しているわけではない。しかし、死刑反対派が終身刑の導入にも反対するとき、そこには死刑廃止論における一つの特徴的な心情が示されている。すなわち、できるだけ厳しい処罰はしたくない、という心情だ。

多くの死刑反対派が終身刑の導入にも反対するのは、終身刑が死刑に負けず劣らず残酷で厳しい刑罰であるからだ。死刑にせよ、終身刑にせよ、そこまで厳しく処罰しなくてもいいのではないか、という心情がそこにはある。

たとえば彼らはこう考える。

犯人が凶悪犯罪にいたった背景には厳しい貧困があったのかもしれない、親にネグレクト（育児放棄）されるなど、不遇な生い立ちがあったのかもしれない、差別やいじめなどによって社会から排除され、それが心に深い影を残したのかもしれない、だから犯人だけを責めたてて厳しい刑罰を下すのは一方的すぎるのではないか、と。

あるいは、どんな凶悪な犯罪者であっても更生の可能性はかならずある、だから更生の可能性を奪うような（もしくは更生することが無意味になるような）死刑や終身刑は、人間そのものの可能性を抹消するような非道な刑罰なのではないか、と。

いずれにせよ、そこにあるのは、死刑や終身刑は厳しすぎるのではないか、という問題意識だ。ある意味、（犯罪者に対して）やさしすぎる心情が死刑廃止論の一つの原動力になっているのである。

†処罰感情を寛容さで克服しようとする死刑廃止論

しかし、こうした死刑廃止論の心情的な特徴は人びとの処罰感情と真っ向から対立してしまう。

凶悪犯を厳しく処罰すべきだと考える多くの人にとって、死刑反対派が凶悪犯を「擁護」しているようにみえてしまうのはそのためだ。「死刑反対派は加害者の人権ばかり主張する、だがそれでは被害者や家族の気持ちはどうなるのか」——死刑反対派にしばしば向けられるこうした批判は、彼らの考え方がいかに人びとの処罰感情とズレているのかを示している。

このズレを自覚しないかぎり、死刑廃止論が力をもつことはないだろう。これまでの死刑廃止論の問題は、人びとの処罰感情に応えようとしてこなかった点にある。

多くの死刑反対派は、あたかも犯罪者を社会の犠牲者のようにあつかい、「厳しく処罰するのは気の毒だ」という自分たちの寛容さを道徳的に高尚なものだと考え、「厳しく罰するべきだ」と唱える他の人びとの処罰感情を劣ったもの、野蛮なものとみなしてきた。彼らにとって死刑を廃止することは、道徳的に高次の段階へと移行することなのである。

これは、哲学の世界で死刑が批判されるときも変わらない。

たとえば現代フランスの哲学者、ジャック・デリダはエリザベート・ルディネスコとの対話書『来たるべき世界のために』のなかで死刑を問題にし、「無条件的な赦し」によって死刑を克服すべきだと説いている。要は、「どんな場合でも赦す」「赦されえないものを赦す」という究極の寛容さによって処罰感情を克服すべきである、ということだ。

†デリダの議論をありがたがる痛々しさ

こうした道徳的な死刑批判がいかに無意味なのか、というのが第3章での考察で明らかになったことだった。道徳的な議論では死刑の是非に決着をつけられないからだ。

たしかに、私たちは道徳的な正しさを求めることを決してやめない。しかし、特定の価値判断──たとえば「死刑は悪である」という価値判断──こそ正しい価値判断である、とする究極的な根拠は存在しない。特定の価値判断の正しさを究極的に証明してくれるような根拠を示すことは原理的に不可能なのだ。

実際、「凶悪犯罪者でも赦す」という寛容さが、「凶悪犯罪者は厳しく処罰すべきだ」という処罰感情より道徳的に高尚であるという理論的な根拠はどこにもない。

死刑反対派はみずからの寛容さこそ道徳的に高尚であるという思い込み（もしくは思い上がり）をすてなくてはならない。

その思い込みをすてるべきなのは哲学の世界でも同じである。哲学の世界では、「無条件的な赦し」といった概念で死刑を批判するデリダの議論をありがたがる人も少なくないからだ。

そのありがたがりぶりは、はたからみると痛々しいほどである。

しばしば哲学は「簡単なことをあえて難しく論じる学問」などと揶揄されるが、デリダの議論はその一つの典型である。そこで展開されるのは「他者に寛容であるべきである」といったシンプルな道徳論だが、そうした道徳論を展開するためにデリダは過去のさまざまな哲学者の議論に言及し、思弁的なもの言いで「無条件的な赦し」のような難しい概念をいくつも提起する。そのため、そこではなにかものすごく崇高なことが論じられているのではないかと、デリダの議論に幻惑されてしまう人が少なくないのだ。

たしかに、一つの考えや認識を導きだすためにいかに深い議論ができるかという点に、哲学という知的営みの意義があることは私も認める。

しかし、なにやら難しい議論が展開されているからといって、その議論がつねに深いものであるとはかぎらない。「無条件的な赦し」による死刑の克服というデリダの議論もまさにそうである。

†処罰感情は人間にとって根深く、幅の広いもの

そもそも処罰感情は誰にでもあり、かつ、とても根が深いものだ。

処罰感情とは「よくないことをした人間をその内容に応じて懲らしめるべき」という一つの応報感情であり、「よくないことをした人間」に「それ相応の不利益をもたらす」こ

とで価値の天秤をつり合わせようとする、きわめて道徳的な感情である。

処罰感情が価値の天秤をつり合わせようとする一つの応報感情だということは、すなわち、処罰感情は道徳感情のなかでもひじょうに原初的で、根源的な感情だということだ。それは進化生物学などの研究によっても実証されている。処罰感情とは「自分にやさしくしてくれた人にはやさしくしたい」というポジティブな応報感情と同じぐらい原初的で、根源的な道徳感情なのである。

そうした処罰感情を「他者に寛容であるべき」といった道徳的説法で克服することは不可能であり、また無意味でもある。それは、「自分にやさしくしてくれた人にはやさしくしたい」というポジティブな応報感情を観念的に克服することと同じように無意味なのだ。

処罰感情とは応報感情がネガティブにあらわれたものであり、処罰感情を否定するのなら、ポジティブなものも含めて応報感情そのものを否定するのでなければ、理論的にはなりたたない。が、応報感情そのものを否定することは不可能だ。

たとえばデリダの信奉者は私のここの議論を読んで、私をけなしたくなるかもしれない。しかし「けなす」ということ自体、すでに一つの「処罰」である。それは、気に入らないことをいう人間をおとしめる、ということだからだ。

もちろんこれに対しては「処罰ということの意味をあまりに幅広くとりすぎているので

はないか」という疑問が生じるかもしれない。しかし、「気に入らない相手の悪口を広める」「悪評をたてる」というのも立派な処罰である。それは、相手の評判を落とし、相手にとって居づらい環境を整備する、ということだからだ。

少しでも注意深く観察すればわかることだが、私たちは「叱る」「悪い成績をつける」「減給する」「メンバーから外す」「地位から追いやる」といったわかりやすい処罰行為だけでなく、気に入らない人に対して「無視する」「陰口をいう」「馬鹿にする」「意地悪をする」「心のなかで欠点をあげつらって見下す」といった〝ささやかな〟処罰行為を日常的におこなっている。

かつて、約一年の在任期間中に一三件もの死刑執行命令を下した鳩山邦夫元法務大臣に対して、朝日新聞は「永世死刑執行人」「死に神」などと揶揄したが、これも「意地悪なあだ名をつける」「悪評をたてる」といった処罰の一つにほかならない。

つまり、死刑に批判的な人間ですら日常的に小さな処罰行為を繰り返しているのである。処罰感情というのはそれだけ幅の広い、根深い感情なのである。

その幅広さ・根深さを理解せずに、犯罪者への処罰だけを「処罰」としてとらえ、「無条件的な赦し」や「寛容さ」によってそれを克服できると考えるのは、たとえデリダのように「不可能なものの可能性」といった言い訳的な保留をつけたとしても、人間に対する単なる認識不足でしかない。

†処罰感情を受け止めることから死刑廃止ははじまる

したがって、死刑廃止を実現しようと思うなら、人間には処罰感情が根深くあることを素直に受け止め、死刑に負けずとも劣らない厳しい刑罰を死刑の代わりに置くことで、人びとの処罰感情に応えることを避けてはならない。

たとえばそれは終身刑の導入だ。

すでに何度も言及しているように、ヨーロッパでの事例は、終身刑が死刑に負けず劣らず厳しい刑罰であることを私たちに教える。フランスやイタリアで終身刑の受刑者から「死刑にしてほしい」という嘆願書がときおりだされるということは、場合によっては終身刑のほうが死刑よりも厳しい刑罰になりうるということだ。

この点にかんして、二〇一四年に内閣府がおこなった死刑制度にかんする世論調査の結果はひじょうに示唆的だ。そこでは、終身刑を導入した場合に死刑を容認するかどうかということまできいているからである。

まず、ストレートに死刑の是非をきいたところ、そこでは、死刑は廃止すべきと答えた廃止派の割合は九・七％にすぎなかった。これに対し、死刑もやむをえないと答えた容認派は八〇・三%にのぼった。つぎに、終身刑を導入した場合の死刑の是非をきいたところ、死刑容認派は五一・五%に減り、廃止派は三七・七%まで増えたのである。

死刑を廃止するには、終身刑をその代わりに置くことで人びとの処罰感情に応えることがいかに重要なのか。それがここでは示されている。

逆にいえば、終身刑を導入することで人びとの処罰感情に応えないかぎりは、死刑を廃止することはきわめて困難なのだ。

もちろんこうしたドライで合理的な考え方には、「寛容さ」や「赦し」をかかげる死刑廃止論者は反対するだろう。しかしそうした道徳論へのこだわりこそが、実際には死刑廃止の実現可能性を遠のかせてしまっている。

道徳に拘泥する人は政治には向かないといわれるのはこうしたことのためだ。

死刑反対派は、みずからの道徳の「高潔さ」を守りたいだけなのか、それとも死刑廃止をともかくもめざすのか、自問する必要がある。

†死刑よりも厳しい刑罰になりうる終身刑

あらためて確認しておきたいのは、終身刑は場合によっては死刑よりも厳しい刑罰になりうる、ということだ。

実際、私たちは、死刑が刑罰として無力であるような凶悪犯罪にたびたび直面してきた。「死刑になりたい」「死刑になってもいいからむちゃくちゃなことをしたい」といった動機からおこなわれる凶悪犯罪だ。第2章で詳しくみた、池田小学校無差別殺傷事件はその典型的な事例である。

この事件で八人の児童を殺害した宅間守は、公判で犯行にいたった理由についてこう述べていた。「今までさんざん不愉快な思いをさせられて生きてきた」(最終陳述)、「世の中のやつは全部敵や」(第一〇回公判)、「自分の人生を幕引きする代わりに他人を道連れにしてやろうと考えた」(第一二回公判)。

また、検察側の冒頭陳述でも、犯行を決意した宅間の考えがこう説明されている。「被告人は、『自殺をしても甲女らが喜ぶのみである、何でおれだけ死なんといかんねん。あほらしい。自分が死ぬくらいなら自分自身が味わっている絶望的な苦しみをできるだけ多くの被害者とその家族に味わわせてやろう』という思いを抱いた」と。

さらに宅間は、一審でくだされた死刑判決に対して弁護団がおこなった控訴を取り下げて、その死刑判決をみずから確定させた。そして、死刑判決が確定したのちは、刑事訴訟法の規定――死刑判決が確定してから六カ月以内に法務大臣は死刑執行の命令をださなくてはならないという規定――を逆手にとって、みずからの死刑が早く執行されるよう、弁護人に要望すらしたのである。

この事件では、死刑が処罰としての意味をなしていない。

宅間は死刑になるために犯罪をおかし、さらにできるだけ早くみずからの死刑が執行されることを望んだ。宅間をすぐに死刑に処したことで宅間の望みをかなえてしまったのではないか、と複雑な思いを抱く人もいるだろう。もし死刑よりも宅間が苦しむ刑罰があったならば、そちらを選ぶべきだったと思う人もいるにちがいない。

もちろん、だからといって拷問を導入することは現代の日本では実際には不可能だろう。他の先進国からの厳しい批判をはねのけてまで拷問を導入することに、人びとの同意が得られるとはとうてい思えない。

そうなると、考えられるのはやはり終身刑の導入である。

事実、宅間は弁護人に送った文書のなかでこう述べていた。「死刑は、殺される刑罰や。六ヶ月過ぎて、いつまでもいつまでも、イヤガラセをされる刑罰ではない。すぐ殺せば、ダメージがないので、しばらくイヤガラセをしてから執行する——そんな条文が、あるんか。法律家やったら、ワシの身になれや。法律を順守するのが、法律家やろ」。

宅間にとっては、すぐに殺される刑罰よりも、いつまでも拘禁される刑罰のほうが「ダメージ」が大きかったのである。死刑よりも終身刑のほうが刑罰として意味をもつ場合が明らかにある、ということだ。

†死刑の最大の弱点にあらがう終身刑

終身刑は、死刑になるつもりなら何をしてもいいだろうと考える犯罪者に対して、「そう簡単に死なせてもらえると思うな」「死ねばすむと思ったら大間違いだ」というメッセージをつきつける刑罰である。

宅間のような犯罪者にとって、死への逃亡はあまりに簡単な解決方法だ。その「死への逃亡」を許さない、という意味が終身刑にはある。

この点でいうと、終身刑の導入は犯罪の抑止にもなるかもしれない。死刑になるつもりなら何をしてもいいだろうという考えのもとで実行される、そんな犯罪に対する抑止である。

もちろん、終身刑があったなら池田小学校無差別殺傷事件は起こらなかった、とまではいえない。しかし、この事件が死刑という刑罰がもつ、最大の弱点をついた犯罪であることは否定できない。終身刑はそうした犯罪にあらがうのである。

†たがいに両立が難しい死刑と終身刑

読者のなかには、ならば死刑を存置したうえで終身刑を導入するのがいいのではないか、と思う人もいるかもしれない。そうすれば刑罰の選択肢も広がり、いろんな犯罪にようりまく対処できるようになるのではないか、と。

こうした指摘に対しては、あらためてここでの議論の前提を確認しておこう。

私たちがここで終身刑の導入について議論しているのは、死刑の代替刑として、である。冤罪の問題の深刻さを考えるなら、死刑制度を支持しつづけることは難しい。終身刑のもとで再審の可能性があれば、冤罪の場合でも最悪の事態（つまり冤罪なのに死刑が執行され、取り返しのつかないことになるという事態）は回避できる。そうした認識から、私たちは死刑に代わる刑罰として終身刑について考察してきたのである。

したがって、死刑を存置したうえで終身刑を導入するという選択肢はここではありえない。死刑を存置するか、それとも死刑を廃止して終身刑を導入するか、そのどちらかなのである。

さらにいうなら、死刑と終身刑はたがいに両立が難しい刑罰である。

というのも、終身刑は場合によっては死刑より厳しい刑罰になりうる以上、両者を併置した場合、どちらが極刑なのかを決定することが困難になるからだ。

両者を併置しておいて、この事件では冤罪のおそれがあるから終身刑を適用する、といった運用をすることは不可能である。冤罪のおそれがあるなら、そもそも有罪にすべきではないからである。

また、この事件では犯人が死刑になりたいと思って犯罪をおこなったから、死刑ではなく終身刑を適用する、といった運用をすることも不可能である。というのも、犯罪者によっては死刑から逃れるために、あえて「死刑になりたかったから」という動機を述べることもありうるからである。

こうした両立の困難さからいっても、終身刑の導入は死刑廃止を前提とするのである。

†刑務官の負担を重くしないための工夫はありうるか

ただし、終身刑の導入については、もう一つ、別の懸念がある。終身刑の受刑者は社会復帰の可能性が絶たれることから自暴自棄になりやすく、刑務所での規律にも従おうとはしなくなるため、刑務官たちの負担がきわめて重くなるのではないか、という懸念だ。

たしかにそうした可能性は否めないだろう。どんな重罪の受刑者でも、仮釈放によって社会にでられる可能性がわずかなりともあるからこそ、更生への意欲も生まれるし、刑務所の規律にも従おうとするのである。

とはいえ、社会にでられる可能性がないという点は死刑も同じである。その代替刑として終身刑を導入するのであれば、受刑者にとって社会復帰の可能性が絶たれるということをことさら問題にする必要はないだろう。

刑務官の仕事が心身ともに負担の重い仕事であることはまちがいない。が、その仕事の相手にはすでに、社会復帰の可能性のない死刑囚たちも含まれているのである。

それでもやはり、受刑者に更生への意欲をかきたてるような将来への可能性が必要だというのなら、特別仮釈放の可能性を終身刑のなかに含めてもいいだろう。もちろんその仮釈放はきわめて特別なものでなくてはならない。

あるいは、刑期を「死ぬまで」という終身から、加重によって「懲役三〇〇年」といった超長期にできるようにするという手もある。そして、受刑者の改悛の気持ちや更生の度合い、規律への遵守、といった要素にもとづいて、刑期が少しずつ短くなるような仕組みにするのである。

とはいえ、刑務官の負担を重くしないためのこれらの工夫は、あくまでも技術的な事柄にすぎない。それは、終身刑（もしくはそれに匹敵する超長期の有期刑）の導入そのものに疑問をつきつけるような本質的な問題ではないのである。むしろ、死刑に劣らず厳しい刑罰を死刑の代わりに置くことは、やり方しだいでいくらでも可能であることを、それは示している。

†近代の哲学の歴史においてはじめて死刑反対論を展開したベッカリーア

最後に、哲学の歴史のなかから、本書が導きだした方向性と響きあう議論を拾いだしておこう。

すでにみたように、これまでの死刑廃止論はどうしても人びとの「寛容さ」や「赦し」といった道徳性に訴える傾向が強かった。しかし、死刑廃止を実現しようと思うのなら、人びとの処罰感情に正面から向き合うことが不可欠だ。

じつは、哲学の歴史においても同じような方向性で死刑に反対した哲学者がいる。一八世紀イタリアの法哲学者、チェーザレ・ベッカリーアである。

ベッカリーアは哲学の歴史のなかで、とりわけ近代以降の哲学の歴史のなかで、はじめて死刑反対論を本格的に展開した哲学者である。「近代以降の哲学の歴史のなかではじめて」ということは、すなわち近代国家という現在の国家のあり方が成立してからはじめて、ということだ。前章でみたカントの死刑肯定論は、まさにそのベッカリーアの死刑反対論をうけて、そしてその反論として書かれている。

ベッカリーアは哲学史の本流からいえばそれほど有名な哲学者ではない。しかし、近代国家を前提とした死刑反対論をはじめて本格的に展開した哲学者という点で、現代においても重要な意義をもつのである。

†死刑に反対するベッカリーアの論拠

じつをいうと、理論的なレベルでは、ベッカリーアの死刑反対論よりもそれに対するカントの批判のほうがまさっている。もちろん、詳しく論じてきたように、カントの死刑肯定論にもそれ固有の議論すべき問題はあるのだが、カントのベッカリーア批判の部分だけをみれば、その批判には理論的な妥当性があるのである。

その内容を簡単に確認しておこう。

一七六二年に刊行された『犯罪と刑罰』のなかで、ベッカリーアは死刑について、国家のなりたちを考えるなら死刑は理論的に成立しえないのではないか、と論じている。引用しよう。

人間が同胞をぎゃく殺する「権利」を誰がいったい与えることができたのか？　この権利はたしかに主権と法律との基礎になっている権利とは別のものだ。法律とは各個人の自由の割前——各人がゆずることのできる最小の割前の総体以外の何物でもない。それは個々人の意思の総体である総意を表示する。さてしかし、誰が彼の生命をうばう「権利」を他の人々に与えたいなどと思っただろうか？　どうして各人のさし出した最小の自由の割前の中に、生命の自由——あらゆる財産の中でもっとも大きな財産である生命の自由もふくまれるという解釈ができるのだろう？（チェーザレ・ベッカリーア『犯罪と刑罰』岩波文庫、九〇頁）

ベッカリーアによれば、私たちはみずからの安全を確保するためにこそ政府を設立したのであり、そうである以上、その政府がどんな理由であれ私たちを殺す「権利」をもつことはありえない。

たとえば日本政府は、日本国民によって、日本国民の安全を守るために設立されているのであり、そうである以上は、日本政府が日本国民を殺す「権利」をもつと考えることは、そもそも日本政府のなりたちからいって不可能である。

もちろん国民は、国民全体の安全を守るために、政府が各人の自由をある程度は制限する「権利」を政府に与えるだろう。しかし、「あらゆる財産の中でもっとも大きな財産である生命の自由」をも国民から奪ってしまえる「権利」まで、国民が政府に与えたと考えることはできない。なぜならそれは、国民の安全を守るという政府の存在理由と矛盾してしまうからである。

ベッカリーアはこう考えるのである。

†カントによるベッカリーア批判

これに対してカントは一七九七年刊行の『人倫の形而上学』のなかで次のように批判している。

> ところで、これに反して、ベッカリーア侯は、或るわざとらしい人間性の同情癖から、一切の死刑は不適法であると主張した。彼の論拠は、根源的な公民的契約のうちには死刑は含まれえないというにあった。けだし、もし含まれうるとすれば、人民に所属する者は誰しも、万一自分が（人民に所属する）或る他人を殺害した場合には、自分の生命を失うべきことに同意しなくてはならなかったことになろうが、しかし、誰も自分の生命を処分することはできないのであるから、こういう同意は不可能である、と彼は主張した。一切は詭弁であり、法の曲解である。
>
> 或る人が刑罰をこうむるのは、彼が刑罰を欲したからではなくて、彼が或る処罰さ

れて然るべき行為を欲したからである。というのは、もし或る人の身に彼の欲することが起こるのであれば、それは刑罰ではなく、また、罰せられるということを欲するということは不可能であるからである。――もし私が誰かを殺害するならば、私は罰せられることを欲する、という言い方は、私は一切の残りの者たちと共々に、もし人民のなかに犯罪者がいるならば当然また刑罰法則ともなるであろう諸法則に服従する、ということ以上の何ごとをも意味しない（イマヌエル・カント「人倫の形而上学」、『カント全集　第十一巻』理想社、二〇八頁）。

ここの部分は少し難しいかもしれないので順にみていこう。

まずカントは、ベッカリーアの立論には一つの前提が含まれていると指摘する。すなわち、人びとは政府の設立にあたって、自分の生命が政府によって奪われることに同意することはありえない、という前提だ。「自分たちが設立した政府なんだから、どんな理由であれわれわれを殺すことはあってはならない」という前提である。

たしかにこの前提があるからこそ、ベッカリーアは、人びとによって設立された政府は彼らの生命を奪う「権利」をもたない、と述べることができるのである。

しかし、カントによればこの前提は正しくない。というのも、人びとが同意しなくては死刑という刑罰がなりたたないのであれば、人は自分の嫌なことに同意することはありえないのだから、死刑だけでなくいかなる刑罰もなりたたないことになるからだ。

これが引用文に込められた意味である。

もし政府が人びとの欲した刑罰しか下せないのであれば、そもそもそれは刑罰にはならない。人びとが嫌がることを科すからこそ、それは刑罰になるのだ。政府の設立において人びとが欲するのは、あくまでも政府が犯罪をおかした人間を罰するということまでであって、その刑罰まで人びとが自分に欲していると考えることはできないのである。

†ベッカリーアが死刑に反対する、真の根拠

こうしたカントの指摘はベッカリーア批判としては妥当である。逆にいえば、ベッカリーアの死刑反対論はここの部分に関しては支持しがたい。

ただ、ベッカリーアはこれとは別に死刑反対の根拠を提示している。その別の根拠こそ、私たちが注目したいものだ。

ベッカリーアは死刑に反対する根拠についてこう述べている。

あらゆる時代の歴史は経験として証明している。死刑は社会を侵害するつもりでい

る悪人どもをその侵害からいささかもさまたげなかった（チェーザレ・ベッカリーア『犯罪と刑罰』岩波文庫、九二頁）。

死刑は刑罰として大した効果をもっていないのではないか。とりわけ社会をむちゃくちゃにしてやろうと考える犯罪者に対して刑罰としての意味をもたないのではないか。これが、ベッカリーアが死刑に反対する第二の根拠である。

こちらの根拠のほうがベッカリーアの死刑反対論にとって真の根拠といえるものだ。先の、政府の「権利」についての議論は、むしろこちらの根拠を理論的に正当化するために練り上げられたものである。

ベッカリーアによれば、死刑は一見すると苛酷な刑罰にみえるが、じつはそれは一時的な衝撃をもたらすだけであって、刑罰としての効果はそれほど高くない。刑罰としての効果を考えるなら、そうした死刑よりも長く持続する終身刑のほうが望ましい。とりわけ、終身刑のなかでも受刑者に役務を科す終身刑が望ましい。

こうした考えからベッカリーアは「終身隷役刑」を提唱する。少し長くなるが引用しよう。

刑罰が正当であるためには、人々に犯罪を思い止まらせるに十分なだけの厳格さをもてばいいのだ。そして犯罪から期待するいくらかの利得と、永久に自由を失うこととを比較判断できないような人間はいないだろう。

このようにして、死刑と置きかえられた終身隷役刑は、かたく犯罪を決意した人の心をひるがえさせるに十分なきびしさを持つのである。それどころか、死刑より確実な効果を生むものだとつけ加えたい。

人はしばしば、平静な断乎とした表情で死に向う。ある者は狂熱のため、ある者は墓のむこうがわまでわれわれについてまわるあの虚栄心のために。そしてある者は生活に疲れ、絶望して、悲惨な境遇から逃避する手段として死を見るために。

だが、この狂熱も虚栄も、鉄格子の中、おう打の下、くさりの間では罪人どもを見すてて行ってしまう。絶望も彼らの悲惨状態を終らせる役にはたたず、かえってそれを始まらせるのだ。

われわれの魂は、極度の苦痛であってもそれが一時的のものであれば比較的たえられる。むしろ、長い期間のたえまない不快にたえられないのである。なぜなら、一時的な苦痛に対しては、魂は全力を結集してそれをはねかえすが、長いたえまない苦しみに対抗していくためには魂の弾力性は十分でないから（チェーザレ・ベッカリーア

『犯罪と刑罰』岩波文庫、九四―九五頁)。

ここで論じられていることに対してはいくつかの保留が必要だろう。

まず、引用文には「おう打」「くさり」といった言葉がでてくるが、やはり現代の政治意識のもとでは、たとえ凶悪犯を罰するためだとしても拷問を科すことは難しい。それは多くの人の同意を得られないだけでなく、正当性も獲得できないだろう。

だから、ベッカリーアの「終身隷役刑」の提案については、その「隷役」の部分を差し引いて考える必要がある。現代の政治意識に合わせるなら、ベッカリーアの提案は、終身刑か、超長期(たとえば三五〇年など)の懲役刑の提案として受けとられなくてはならない。

また、引用文でベッカリーアは犯罪の抑止という点に重心をおいて議論を展開しているが、これについても保留が必要だろう。というのも、死刑と終身刑のどちらにより犯罪抑止力があるかという問題については、現代でもまだ確定的なことはいえないからである。

終身刑を支持するベッカリーアの議論は、あくまでも刑罰としての「厳しさ」という観点から読まれなくてはならない。終身刑は、「死刑になるつもりならどんなことをしてもいいだろう」と考える犯罪者に対して、死への逃避を許さない。そうした、死刑にはない「厳しさ」こそ、ベッカリーアが終身刑を支持する理由なのである。

もちろん、死刑と終身刑のどちらが厳しい刑罰なのかを最終的に決定することはできない。どちらをより厳しいと感じるかは人によってそれぞれだからだ。

しかし、ベッカリーアの議論は、死刑こそが極刑だとあたりまえのように考える私たちの観念を打ち破ってくれる。そして、死刑を廃止しても、人びとの処罰感情に応えられる刑罰を置くことは十分可能であることを私たちに教えるのである。

†ベッカリーアの死刑論の可能性

哲学の歴史のなかで最初の本格的な死刑廃止論が、死刑の刑罰としての効果を疑問視し、死刑にはない「厳しさ」を別の刑罰に求めるものであったことの意味は大きい。「寛容さ」や「赦し」を求める死刑廃止論が多いなかで、私たちはこの哲学史上の「始点」に一度立ち返る必要があるだろう。

デリダは先に言及した『来たるべき世界のために』のなかで、これまでの西洋哲学の歴史のなかで哲学者は誰ひとりとして死刑の正当性に異議を唱えたことはなかったと述べている。引用しよう。

それは、私の知るかぎり、哲学者としての哲学者のうち誰ひとりとして、本来的、体系的に哲学的といいえる言説において、すなわち哲学としての哲学のうちどれひとつとして、いまだかつて死刑の正当性に異議を唱えたことがなかった、ということです（『来たるべき世界のために』藤本一勇・金澤忠信訳、岩波書店、二一〇頁、強調本文）。

しかし、ベッカリーアの死刑反対論が示すように、このデリダの指摘は正しくない。たしかにベッカリーアを哲学者に含めるかどうかは微妙な問題である。デリダ自身、この論考のなかでベッカリーアを法律家として位置づけている。

とはいえ、デリダはそこでベッカリーアの死刑反対論をカントの死刑論と対置させながら批判している。ベッカリーアの死刑反対論に対するカントの批判は、哲学の歴史における重要な議論の一コマだ。それを哲学の歴史から除外することには無理がある。

もしかしたらデリダは、ベッカリーアの死刑反対論が「哲学的といいえる言説」ではないという理由で、それを哲学の歴史から除外したのかもしれない。しかし、もしそうだとするなら、それは、哲学の権威をいたずらに振りかざし、みずからがその権威の審判者だと暗に主張する、デリダの権高さのあらわれでしかない。そもそもベッカリーアの言説よりもデリタの言説のほうが哲学的だといえるのかすらあやしい。

あるいはデリダは、自分こそが哲学の歴史のなかではじめて「哲学的といえる言説において」死刑の正当性に異議を唱えた人物だということをアピールするために、あえてベッカリーアの議論を哲学の歴史から除外したのだろうか。

デリダはよくこうしたレトリックで自分の権威を高めようとするので、その可能性もないとはいえない。もしそうなら、それはきわめて権威主義的なふるまいだ。

いずれにせよ、死刑にはない「厳しさ」を終身刑に求めることで人間の処罰感情に正面から向き合ったベッカリーアの死刑反対論は、感傷的で思弁的な「赦し」の道徳論によってのみ死刑を批判できると考えたデリダには手に余るものだったのだろう。しかしその「手に余る」というところにこそ、ベッカリーアの議論の可能性があるのである。

あとがき

本書を上梓するにあたって、筑摩書房の石島裕之氏にはひとかたならぬ力添えをいただいた。

じつは、石島氏からちくま新書への執筆の提案をいただいたのはかなり昔のことである。時期でいうと、私が最初の著作である『国家とはなにか』をだしてまだそれほど経っていなかった頃なので、もう一〇年ほど前になる。

その当初は、本書のテーマもまだ定まっていなかった。死刑をテーマにすることを最終的に決めたのは五年ほど前である。『国家とはなにか』を執筆していたころから、死刑の問題については、私自身いつかは自分の考えをまとめたいと思っていたので、石島氏と相談してこのテーマに決めたのである。

最初の提案から現在まで、石島氏は本当に辛抱強く私の仕事に付き合ってくださったと思う。本来なら、うんざりされて見放されてもおかしくない時間の長さだ。

それどころか、石島氏はなかなか原稿を進められない私をつねに暖かく励ましてくれた。

また、資料等の確認についても多忙のなか貴重な助力をいただいた。

本書がこうして無事に日の目をみることができたのは、ひとえに石島氏のおかげである。石島氏に心から感謝申し上げたい。

萱野稔人

ちくま新書
1281

死刑《しけい》 その哲学的考察《てつがくてきこうさつ》

二〇一七年一〇月一〇日　第一刷発行
二〇一七年一一月一〇日　第二刷発行

著　者　萱野稔人（かやの・としひと）
発行者　山野浩一
発行所　株式会社　筑摩書房
東京都台東区蔵前二-五-三　郵便番号一一一-八七五五
振替〇〇一六〇-八-四一二三
装幀者　間村俊一
印刷・製本　三松堂印刷　株式会社

乱丁・落丁本の場合は、左記宛にご送付ください。
送料小社負担でお取り替えいたします。
ご注文・お問い合わせも左記へお願いいたします。
〒三三一-八五〇七　さいたま市北区櫛引町二-六〇四
筑摩書房サービスセンター　電話〇四八-六五一-〇〇五三

ISBN978-4-480-06987-0 C0231